KB253871

귀신의 공격받는

크리스천 아이들

한성택 지음

*e*뉴스한국

CONTENTS >>>

2부 리더들의 신앙간증

목양청소년 수련회에서 은혜받은 리더들

머리말

하나님께서 부족하고 연약한 종에게 너무나 많은 은혜를 베풀어 주셨다.

그중에서도 다음세대들이 귀신의 공격을 받고 파괴되어가는 현장을 보여 주셨다. 25년 목회 현장에서 너무나 많은 아이들이 이유를 모르는 채 귀신의 공격을 받고 주님을 떠나고 가정에서도 고통의 삶을 사는 것을 보았다.

이 책은 늘 마음에 담아 두고 있던 이야기와 현장에서 본 사건들을 책으로 엮은 것이다.

하나님은 나에게 다음세대를 살리라는 특명을 주시고 하나님의 한을 부어 주셨다. 그 눈으로 한국교회 현장을 보면서 너무나 많이 울었다.

이 책은 한국교회에 대한 고발이다. 주일학교가 죽어가고 있는데 영적 전쟁이 치열한데 그 사실을 인정하고 전투적인 태세를 갖춘 교회가 별로 없다.

이 책을 통하여 모든 교회가 우리의 아이들을 살리기 위하여 전투를 준비하는 군대가 되기를 바라는 마음으로 책을 내기로 결심하였다.

모세가 태어나면서 바로의 공격을 받았다. 예수님이 태어난 후 헤롯의 공격을 받았다. 지금도 그 귀신은 공격하고 또 공격한다. 빨리 교회학교가 비상체제로 돌아가서 교사들을 전투준비 시키고 모든 교회 시스템이 전시 상태로 가야 한다.

나는 이 책을 읽는 독자들이 가슴을 치면서 우리 아이들에 대한 미안함과 회개가 일어나기를 바란다.

다음세대사역에 교회지도자들이 기도의 무릎을 꿇고 영적전쟁을 시작하기를 바란다. 책의 내용들이 잘 정돈된 아름다움은 느끼지 못할 것이다. 현장에 대한 모습을 그대로 느끼기를 바라는 마음으로 조금 거칠게 언어를 사용하였다. 그러므로 현장에 대한 강한 도전을 받았으면 한다.

지금까지 다음세대에 대한 교육적인 책들은 많이 나왔지만 다음세대와 영적전쟁에 대한 책은 처음인 것으로 안다. 그 만큼 책임감이 무겁다.

한국교회 60~70년대에는 성령 충만한 교사들과 부모들을 통하여 교회학교가 큰 부흥이 일어나고 그 부흥이 80~90년대 청장년 부흥으로 일어났다. 부모와 교사와 사명이 투철한 교역자들이 삼위일체가 되었다.

이 책을 통하여 그 시절이 다시 오기를 기대한다.

책속에 나오는 나의 제자들이 잘 자라주어서 영적전쟁에 늘 승리하는 리더가 되기를 간절히 바란다.

2011년 고난주간에 이 책이 집필 되는 것은 특별한 은혜이다.

고난의 주님께서 많은 여자들에게 한 간절한 당부가 '나를 위하여 울지 말고 네 자녀를 위하여 울라(눅23:28)'고 하셨다. 주님은 우리 자녀들이 영적전쟁을 할 것을 아시고 그 말씀을 하신 것이다. 이 책을 통해 그 주님의 마음이 전달되기를 바란다.

이 책이 나오는데 용기를 주신 목양 훈련원 스템들과 예환꿈교회 성도들과 다음세대에 특별한 관심을 가지고 출판에 힘써준 e뉴스한국에 감사드린다. 그리고 우리 주안이에게 감사한다. 그 아이에게는 아픔일수 있는 이야기를 말하는 데도 한번도 불평하지 않고 오히려 책을 쓰는 아빠를 자랑스럽게 생각한다. 현장에서 나보다 더 큰 고통을 느끼면서도 새벽마다 기도해주고 용기만 준 아내에게도 감사한다.

나의 영원한 목자가 되시고 스승이 되시는 주님께 감사드린다.

2011년 4월 20일 다음세대에 미친사람 _한성택 목사

하나님이 그들에게 복을 주시며 하나님이 그들에게 이르시되
생육하고 번성하여 땅에 충만하라, 땅을 정복하라
바다의 물고기와 하늘의 새와 땅에 움직이는 모든 생물을 다스리라
〈창세기 1:28〉

1부

귀신의 공격받는 크리스천 아이들

다음 세대를 무너뜨리는 귀신의 전략

성경은 시작부터 흑암을 말하고 있다.

창1:2 "땅이 혼돈하고 공허하며 흑암이 깊음 위에 있고 하나님의 신은 수면에 운행하시니라"

이 땅에 흑암의 권세가 나타나 있음을 밝혀 주는 것이다.

그러면 그의 목적이 무엇인지 알아야 우리는 그의 공격을 막고 우리도 공격하여 승리하게 된다.

약4:7 "그런즉 너희는 하나님께 순복할 찌어다 마귀를 대적하라 그리하면 너희를 피하리라"

하나님은 분명히 마귀를 대적하라고 하였다.

벧전5:8~9 "근신하라 깨어라 너희 대적 마귀가 우는 사자와 같이 두루 다니며 삼킬자를 찾나니 너희는 믿음을 굳게 하여 저를 대적하라”

마귀가 우는 사자처럼 두루 다니면서 공격할 대상을 찾는다는 것이다. 그러므로 틈을 주면 안된다. 우리도 늘 공격 태세를 갖추어야 한다.

예수님은 제자들을 부르시면서 귀신을 쫓는 권세를 주셨다(막3:15)

“귀신을 내어 쫓는 권세도 있게 하려 하심이니라”

예수님은 첫 번째 영적사역을 마귀와의 전쟁으로 시작 하였다(마4:1~11)

그런 후 공생애 동안 가는 곳마다 귀신 들린 자에게 귀신을 쫓아내시고 치유하여 주셨다.

바울은 에베소교회를 향하여 우리의 싸움이 육신에 있지 아니하고 악한 영들과의 영적싸움임을 가르쳐 주고 있다.

엡6:10~12 “종말로 너희가 주안에서와 그 힘의 능력으로 강건하여 지고 마귀의 궤계를 능히 대적하기 위하여 하나님의 전신갑주를 입으라 우리의 씨름은 혈과 육에 대한 것이 아니요 정사와 권세와 이 어두움의 세상 주권자들과 하늘에 있는 악의 영들에게 대함이라”

교회와 가정 안에서 우리의 대적이 누구인지를 분명히 알아야 한다.

영적으로 깨어 있는 자만이 영적전쟁을 승리할 수가 있다.

마귀는 에덴동산에 나타나 하나님의 사람을 유혹 하였다.

그들의 첫 번째 공격대상은 하나님의 사람이다. 택함 받은 하나님의 백성들을 죽이고 도적질 하는 것이 그들의 전략이다 (요10:10)

가슴 아픈 안타까운 일이 에덴에서 벌어지고 만다. 마귀의 전략에 완전히 무너지고 만다. 마귀가 공격한 전략은 욕심이었다. 선악과를 먹으면 하나님처럼 눈이 밝아진다는 마귀의 유혹에 하와가 욕심이 들어가서 선악과를 먹는다.

약1:15 "욕심이 잉태한즉 죄를 낳고 죄가 장성한즉 사망에 이르니라"

욕심은 마귀로부터 시작된 것이다. 빌2:5에 예수님의 자기 비움의 영성을 받지 않으면 욕심을 이길 수가 없다.

마귀의 공격은 아담과 하와로 끝나지 않고 그의 자식들 가인과 아벨에게까지 공격하였다. 결국 가인이 동생 아벨을 돌로 쳐서 죽이는 인류 최초의 살인사건 가정최대의 불행이 시작되었다. 그것은 마귀의 작품 이었다.

아담과 하와를 죄짓고 저주 받게 하고 하나님을 떠나게 하는 목적은 하나님의 사람의 씨를 말려버리게 하겠다는 것이다. 마귀의 전략은 다음세대이다. 자녀들을 죽이고 공격하는 것이다.

기독교역사에 부흥의 때가 항상 있었다. 그 후 쇠퇴하는 때가 온다. 왜 그럴까?

다음세대를 준비하지 못하므로 일어난 것이다. 1세대들은 자신의 세대에 마라나타 주님께서 오신다고 믿고 살아왔기 때문이다. 모든 이단들의 공통점이 종말론이다. 그러므로 다음세대를 준비하지 못하게 한다.

그러나 지금은 모든 종교가 다음세대를 핵심사역으로 키우고 있다. 불교도 천주교도 모슬렘도 모두 다 어릴 때부터 자기 종교를 심고 사상을 가르쳐 마귀의 종을 삼고 있다.

그러나 우리 기독교만이 다음세대 교육과 양육에 부족함을 보인다.

우리교회에 찾아온 목사님 한분이 세미나를 마친 후 왜 어린아이에게 예수피를 이야기하고 영적 이야기를 하느냐고 따지는 사람이 이었다. 아이들은 부드럽고 좋은 이야기 아름다운 이야기만 해야 된다고 하였다. 영적세계를 몰라서 그런 것이다.

한국교회가 양육과 훈련을 어른중심으로 하고 있다. 진정한 제자훈련은 다음세대부터 해야 한다. 옥토인 그들에게 복음을 가르쳐야 30배 60배 100배 열매를 거두게 되는 것이다.

사단은 옥토에 씨를 뿌리지 못하도록 방해 한다.

유럽교회가 마귀의 전략에 넘어가서 다음세대를 키우지 못하므로 무너졌다.

미국교회도 다음세대를 살리지 못하므로 청교도 영성이 무너졌다.

청교도 영성은 어릴 때 가르치고 훈련시켜야 한다. 한국교회도 비상이다.

각 교단들이 다음세대를 살리자고 슬로건을 걸고 몸부림을 치고 있다.

그나마 다행이다. 지금 실상을 알기 시작 했다는 것이다.

지금 다음세대를 살리지 않으면 10년 뒤 한국교회는 우리가 상상 할 수 없는 영적 위기가 올 것이다. 목적이 분명한 다음세대, 기도하는 다음세대, 복음을 위하여 자신을 버리는 다음세대, 나라를 사랑하고 세계를 품는 다음세대를 키워내야 한다. 그러기 위해서 교회는 영적전쟁 체제로 빨리 시스템을 구축해야 한다. 다음세대 전문교역자를 배출하고 세워야 한다.

다음세대를 키울 목양교사를 세워야 한다. 교회 공간과 재정을 아끼지 않고 지원해야 한다. 각 가정에는 부모들이 자식을 목양해야 한다. 부지런히 가르치고 양육해야 한다. 다음세대가 교회 안에서 무너지면 학교가 무너지고 사회가 무너지고 나라가 무너지게 되어 있다.

이 사실을 잘 아는 마귀는 다음세대 사역을 못하도록 방해하는 것이다. 그러므로 다음세대를 세우기 위해 가정과 교회가 깨어 기도해야 한다. 목회자와 교사와 부모들이 영적 무장을 해야 한다.

영적싸움은 다음세대를 두고 교회와 마귀와의 싸움이다. 교회는 다음세대를 살리고 제자 삼는 시스템을 구축해야 한다.

20년 전만 하여도 교회학교 수요예배와 주일오후 예배가 있었다. 그리고 열정적인 교사들이 많이 헌신 하였다. 생명을 거는 교역자들도 있었다. 신앙교육을 우선적으로 가르치는 부모들이 있었다. 그러나 지금은 이 모든 것이 무너져 버렸다.

그렇다고 포기 할 수가 없다. 다시 시작해야 한다. 앞으로 10년, 20년 뒤를 생각하고 지금부터 시작하고 나부터 시작해야 한다.

엘리야는 완전히 실패한 자리에서 다음세대사역으로 회복하였다.

850인의 거짓 선자를 이기고 이제는 완전한 복음화가 된 줄 안 엘리야는 생각지도 못한 위기가 찾아 왔다. 이세벨의 공격이었다. 전혀 예상하지 못한 일이었다. 엘리야는 그를 피해 도망하기 시작하고 로뎀나무 아래서 죽기를 간절히 원했을 때 하나님은 나타나시었다.

엘리야에게 왜 그러느냐고 묻는다. 엘리야는 나만 남았다고 아무도 내 곁에 없다고 고백한다. 그렇다 엘리야는 사람을 키우지 아니했다. 다음세대를 세우지 못하였다. 하나님은 엘리야를 회복시키시고 그에게 새 사명을 주신다.

그것이 바로 너를 대신할 엘리사를 세우라는 것이다. 그리고 왕을 바꾸라는 것이다.

이 말은 다음세대를 세워 하나님 나라를 준비하라는 것이다.

그 때부터 엘리야는 다음세대를 살리는 사역으로 사역이 바뀌었다. 과거에는 혼자서 모든 것을 다 하려고 하였지만 이제는 자신을 대신해서 계속 복음을 전할 제자를 키우기 시작하고 왕을 세워 세상을 바꾸는 사역을 시작 하였다.

엘리야를 괴롭히던 사단은 완전히 무너지고 엘리야는 하나님께 부름 받을 때까지 지치고 곤비하지 않고 불 말과 불 병거 타고 하늘로 올라갔다.

다음세대를 준비하는 사람에게 주시는 하나님의 능력이다.

2003년부터 전국을 다니면서 귀신에게 공격받고 처참하게 무너진 교회학교와 다음세대 현장을 너무나 많이 보았다.

갈수록 더욱 심각하다.

기도와 말씀으로 무장된 나실인을 키워야 한다. 오늘부터 시작하고 할 수 있는 것부터 시작해야 한다.

주님께서 마28:19~20절에 우리의 다음세대를 가르쳐 지키게 하면 세상 끝날까지 함께 하시겠다고 약속 하였다.

창세기 1장 28절의 영적 비밀

하나님은 인간을 하나님의 형상과 모양대로 만드셨다.

그리고 창조한 인간에게 엉청난 비전을 주셨다.

그것이 창세기1장 28절이다.

하나님은 인간을 복 주시려고 만들었다고 하신다.

하나님이 그들에게 복을 주시며 이르시되 라고 하신다.

그 첫 번째 복이 생육하라는 명령이다.

자손을 생육하는 것 인간에게 가장 큰 복이다.

그 다음으로 번성하라는 명령이다.

자손을 생육 했으면 이제 전 세계로 번성 하라는 것이다.

잘 양육하라는 것이다. 잘 키우라는 것이다. 부모의 최대 사명이다.

신명기 6장7절에 부지런히 가르치라고 명령 하였다.

잘 양육한 자녀들을 땅에 충만히 파송하라는 것이 세 번째 복이다.

세상에서 꼭 필요한 리더로 키워서 땅에 충만히 보내야 한다.

우리의 자녀들을 정치 경제 사회 문화 등 모든 분야에 리더로 파송해야 한다.

이 세상은 모든 분야에 흑암의 세력이 있다. 정치계도 경제계도 문화에도 모든 사회 속에 흑암은 존재 하고 있는 것이 사실이다. 땅에 파송할 자녀들을 최고의 리더로 키워서 보내야 한다. 영성과 지성과 품성을 가진 다니엘처럼 요셉처럼 키워서 파송해야 한다.

파송의 목적을 꼭 기억해야 한다. 땅을 정복하고 다스리는 것이다.

네 번째 복은 땅을 정복하라는 것이다. 그리고 다섯 번째 복이 땅을 다스리라는 것이다. 하나님의 자녀를 세상에 파송하는 목적은 땅을 정복하고 다스리는 사명이다.

여기서 우리는 정복이라는 단어에 집중해야 한다. 하나님은 가나안땅을 정복하라고 하였다.

그곳에 있는 일곱 족속을 멸하고 하나님이 주신 약속의 땅을 정복하라 하였다.

정복은 싸움의 용어다. 전쟁의 용어다. 땅을 정복하라는 것은 마귀를 정복하라는 것이다.

우리 자녀들이 세상에 파송 받는 첫 번째 사명은 영적전쟁
이다.

마귀와의 싸움이다. 이 사실을 모르고 세상에 나가면 승리
할 수가 없다. 마귀는 우리의 자녀들에게 이 사실을 숨기고 속
인다. 부모들이 잘 모르고 세상은 돈을 벌어서 행복하게 사는
땅으로만 생각한다. 그러므로 영적 훈련을 전혀 시키지 않고
세상으로 보내는 것이다. 마귀는 정치 경제 사회 문화 등 모든
분야에 깔려있다. 마귀를 정복해야 이 땅을 다스릴 수가 있다.
가나안 일곱 족속을 멸해야 가나안 땅을 차지하는 것과 똑같
다.

지금도 우리는 가나안 땅을 차지해야 한다. 그러기 위해서
일곱 족속 하나님의 땅을 차지하고 있는 마귀를 정복해야 한다.

나는 2박3일 목양청소년 수련회를 통하여 이 사실을 가르쳐
준다. 이 사실을 알고 기도하는 다음세대에게 하나님의 기름
부으심이 임한다.

그리고 그들이 변하는 것이다. 공부도 전도도 성품도 1등으
로 변화되는 것이다.

1%의 리더를 키워야 한다. 그리고 모든 분야에 파송해야 한
다. 이것은 전쟁이다.

모든 언론과 방송을 보라 우상이 가득한 모습들이다. 이 땅
에 구석구석이 하나님 마음을 아프게 하는 것들이다. 창조의
명령인 생육하고 번성하여 땅에 충만하고 땅을 정복하고 모든

것을 다스리는 글로벌리더를 키워 내야한다. 이것은 목숨 건 전쟁을 통하여 얻을 수 있다. 모세도 사무엘도 다니엘도 그냥 탄생하고 세워지지 아니하였다.

목숨을 건 교회와 사명자들과 부모들에 의하여 세워졌다. 지금부터 시작하자.....

귀신의 공격 받은 나의 아들 주안이

하나님은 우리 가정에 큰 아들 이레와 둘째 아들 주안이를 주셨다.

둘은 나이가 13년 차이 난다.

내가 29세에 교회를 개척했을 때 이레 나이는 4살이었다.

목회의 첫 사랑 때라 최선을 다하여 주님을 섬겼다. 때로는 아들이 있는 줄도 모를 정도로 열정을 다 하였다.

하나님의 은혜로 교회는 성장했고 개척 10년 만에 작고 아름다운 예배당을 축복하셨다.

그 해에 둘째 주안이가 태어났다. 참으로 귀하고 아름다운 하나님의 선물이었다.

한 명의 자식으로 만족할 줄 알았는데 세월이 지나면서 기도가 시작되었다.

"하나님! 자녀 한 명만 더 주세요!"

몇 년을 기도했다. 하나님은 쉽게 응답하지 않았다. 어느 날 교회 건축 중에 문득 기도원에 가서 기도해야겠다는 생각이 들었다.

우리 교회 주위에는 교회가 많다. 당시 우리 교회가 제일 마지막에 건축이 시작되었기에 주민들의 반대가 너무나 컸다. 그로인해 시간이 지날수록 내가 지쳐가는 것을 느꼈다. 그래서 기도원에 가서 기도하고 힘을 얻어 회복하기를 간절히 원했다. 3일 금식을 작정하고 기도원을 향했다. 그런데 내 생각과는 다르게 하나님은 교회 건축 기도는 시키지 않을뿐더러 그 기도 자체가 생각나지 않았다. 그리고 전혀 생각지도 않은 자식 달라는 기도가 3일 동안 간절히 드려졌다. 누가 들을까봐 조심하였다. 목사가 예배당 건축을 위해 기도하러 와서는 자식 달라는 기도를 하고 있으니 삯군 목사라 하지 않겠는가?

그런데 눈만 감으면 너무나 간절하게 기도가 되는 것 아닌가. 이런 경험은 처음 해보는 것이었다. 처음에는 당황스러웠다.

그러나 기도하면서 주의 음성을 듣고 난 후 하나님의 뜻을 알게 되었다.

건물보다 더 중요한 것이 생명이요 자녀인 것을 가르쳐 주셨다. 하나님은 급하게 응답을 주실 때 일방적으로 간절하게 기도를 시키시는 것을 알았다. 마음에 소원을 두고 행하시는 하나님이심을 경험하였다. 그렇게 주안이는 우리 가정에 하나님의 선물로 2000년 5월13일에 태어났다.

큰아이를 낳고서는 전도사로 사역하느라 자식이 중요한지 얼마나 행복을 주는지 몰랐다. 그래서 지금도 큰아들 이레에게 미안한 마음을 가지고 있다.

하지만 주안이는 나에게 너무나 큰 기쁨과 즐거움을 주었다. 생명의 신비함을 느끼게 하였고 자식의 소중함을 알게 하였다.

그렇게 잘 자라던 주안이가 4살 때 귀신의 공격을 받고 두 번이나 죽었다.

개척 10년 만에 성전건축을 하고 교회가 부흥하면서 목회의 큰 꿈을 품고 성도들을 양육하고 세워가던 어느 날 예상하지 못한 사건이 일어났다.

성경공부 하던중 작은 오해로 인해 큰 위기가 왔다. 그 일로 인하여 나는 믿었던 사람에 대한 배신과 견딜 수 없는 분노 때문에 목회 사역을 그만두고 쉬고 싶었다.

직분자들을 모아두고 안식년을 요청하기도 하고 지친 내 모습을 나도 모르게 성도들 앞에 드러내기도 하였다. 인생은 형통과 곤고를 함께 주신다는 전도서의 말씀처럼 정말 나에게 형통이 오고 곤고가 찾아왔다. 성전건축과 아들을 하나님께 선물 받았는데 그것도 잠깐이요 교회를 사임해야할 정도로 심각한 위기가 온 것이다. 그 위기는 내 내면의 위기였다.

외적으로 누가 나에게 힘들게 하거나 공격하지 않았다. 내 스스로 부족함을 느끼고 그러면서 성도들에 대한 섭섭함도 찾아왔다. 왜 내 마음을 몰라주지....

돌이켜 보면 그 당시 그 일이 나에게 너무나 큰 복을 안겨 주었기에 지금 이런 고백을 할 수 있는 것이다. 그러나 그 당시는 견디기 힘들었다.

하나님은 나에게 끊임없이 기도를 요청하였다. 그러나 내 영혼은 기도조차 거부하였다.

기도하면 또다시 과거처럼 내가 부족하여 모든 위기가 찾아왔다고 기도 할 것 같았다.

그것이 싫어서 하나님께 기도하고 싶지가 않았다. 하루하루 지나면서 하나님이 나에게 아무도 없는 저녁에 만나자고 말씀하셨다.

나는 주님의음성에 순종 하였다.

그러나 막상 가서 기도해도 기도가 되지 않고 자꾸 성도들에 대한 섭섭함만 생각나는 것이다. 너무나 괴로웠다. 기도하려고 갔는데 기도가 되지 않고 답답하기만 하니 말이다. 그렇게 삼일째 되는 날 그 날은 마음의 결단을 하였다.

"오늘저녁에는 하나님께 내 속에 있는 그대로를 기도 해야겠다" 이렇게 마음먹고 기도하러 갔다. 예배당 입구부터 모든 문을 잠궜다. 혹시라도 누가 들을까봐 염려가 된 것이다. 그리고 주님 앞에 무릎을 꿇고 외쳤다.

“주여!! 너무나 억울합니다. 주여!! 성도들이 나를 무시합니다. 나는 저들을 목숨 걸고 사랑했는데 저들은 나를 외면하고 신뢰하지 못하고 무시 합니다.” 이렇게 반복적으로 기도하였다.

하나님은 아무 대답 없이 나의 투정을 듣고만 계셨다.

울면서 뒹굴면서 한참 기도하다가 하나님께 이렇게 기도하였다.

“하나님!! 나를 유명하게 만들어 주세요. 하나님!! 나를 유명하게 만들어 주셔서 나를 무시하는 성도들에게 나도 하나님이 사용하시는 종임을 보여주세요!!”

내 안에 한을 토하여 내었다. 그 기도를 들으신 주님께서 나타나시었다.

‘좋아!! 정말 유명해지고 싶냐!! 정말 뜨고 싶냐!!’ 이렇게 말씀하셨다.

잠깐의 망설임 없이 “예!! 나도 유명해 지고 싶습니다. 그래서 나를 무시하는 저들에게 보여주고 싶습니다!!” 라고 기도하였다.

그때 하나님은 내가 유명해지고 뜨는 길이 있다고 말씀하셨다.

그러면서 나에게 충격적인 명령을 하시고 하나님의 한을 느끼게 하였다.

‘사각지대에 빠진 다음세대를 살려라’ 는 명령이었다.

10년 뒤 한국교회가 어떻게 될 것인지를 보여주시고 이 위기를 나와 우리교회가 앞장서서 막아라고 명령 하였다. 다음세대가 죽어가고 교회가 텅텅 비어가는 가슴 아픈 한국교회의 미래를 말씀하셨다. 그때 나는 하나님의 한을 받았다. 강하게 느꼈다. 수십 년 예수 믿고 목회를 하였지만 그렇게 가슴 아프고 눈물 나 본적은 처음 이었다. 나는 이런 눈물도 있구나 하는 생각이 들었다. 이것은 하나님의 눈물임을 확신 할 수가 있었다. 강단위에서 울면서 뒹굴었다. 가슴을 쳤다.

철없는 목사 철없는 종을 용서해 달라고 기도하였다.

부모는 암이 걸려서 생사를 오가는데 자식은 감기 걸려서 암 걸린 부모 앞에서 투정 부리는 것과 같았다. 너무나 미안하고 죄송하였다. 주님 앞에 고개를 들 수가 없었다. 주님께서는 우리교회와 내가 사각지대에 빠진 다음세대를 살리면 축복하신다고 약속하셨다. 그 순간 내 마음에 변화가 일어났다. 조금 전만해도 기도하면 성도들에게 섭섭한 마음이 있었는데 섭섭함이 사라지고 내안에 나의 한이 한순간 눈 녹듯이 없어지고 주님의 한 눈물만이 흘렀다.

그날부터 3개월 정도 24시간 내내 한국교회와 다음세대를 위해 울었다. 그냥 눈물이 아니었다. 그리고 나의 눈물이 아니었다. 하나님의 눈물이었다. 지금도 그때처럼 한번만 더 그 눈물을 달라고 간구하고 있다. 그런데 잘 주어지지 않는다.

나는 지금까지 목회 중에 하나님의 고통을 느껴 본 것이 나의 목회에 큰 힘이요 축복이다. 그리고 나는 변하기 시작하였다. 직분자 한사람씩 성도 한명씩 내가 받은 비전을 나누기 시작 하였다. 그러나 처음에는 아무도 받아들이지 않았다. 눈물로 호소해도 쉽게 이해를 못하였다. 주님께서 인내하면서 천천히 하라는 말씀을 주셨다 내 목회 마지막 사명이라고 하셨기에 인내하며 열매를 맺을 수가 있었다.

구역장들을 한자리에 모아 나의 비전을 나누고 1년만 구역을 쉬고 교사를 하면서 아이들을 살리자고 하였다. 모두가 처음에는 거부하였다 그리고 오해의 목소리가 들리기 시작하였다. 안식년 한다고 하던 목사님이 갑자기 왜 저러냐!!는 등 온갖 이야기가 다 들렸다. 청년들은 목사님을 따를 수가 없다고 하였다. 너무나 큰 충격에 나는 나의 아내와 부둥켜안고 얼마나 울었는지 모른다. 지금 돌이켜보면 너무나 당연한 모습들인데 당시는 섭섭함이 있었다. 그렇게 기도하고 설득하고 또 기도하고 설득하여 교회 체제를 주일학교 다음세대를 살리는 방향으로 비전을 정하고 30명의 교사로 출발 하였다. 담임을 하던 내가 직접 주일학교를 맡고 진두지휘 하였다. 많은 기대감으로 시작하였다. 그런데 우리의 생각대로 부흥은 오지 않았다. 그때가 겨울 방학이었고 아이들을 찾아보기가 힘들었다.

그래도 한명정도는 와야 하는데 3개월 동안 아이들이 한명도 오지 않은 것이었다. 너무나 당황스러웠다. 그러나 부활절을 맞이하여 하나님은 부흥을 주기 시작하였다.

그때부터 6개월 동안 성전 75평 교사30명의 작은교회에 100명의 아이들이 몰려오기 시작한 것이다. 그렇게 6여년 동안 7

천여명의 아이들이 우리교회를 왔다 갔다.

지금 생각해도 꿈을 꾸고 있는 것 같다. 한주에 새가족이 50여명씩 몰려 왔다.

이것은 우리의 노력과 기도가 아니라 하나님의 기름부음이었다. 초대교회 같은 부흥이었다. 그리고 그 부흥은 한국교회를 살리라는 하나님의 축복임을 알고 전국으로 부흥회를 인도하며 외쳤다. 사각지대에 빠진 다음세대를 살리지 않으면 교회와 가정에 위기가 온다고 하였다. 하나님의 한을 선포한 것이다.

그때마다 하나님은 그곳에 기름을 부으시고 다음세대 부흥을 주었다. 20명 모인교회가 200명으로 50명 모인교회가 500명으로 10배 부흥의 기적이 일어나기 시작하였다.

우리교회도 자녀와 함께 부모들이 몰려 왔다. 이런 부흥 뒤에 내 마음을 아프게 하는 가시가 생겼다.

2003년 2월 우리가족은 큰 아들 이레의 유학길을 앞두고 외할아버지와 외할머니 산소가 있는 경남 의령에 갔었다.

나는 목회하느라 운전면허를 나이 40세가 넘어 취득하였다.

그날은 운전면허증이 나온 후 처음으로 고속도로를 달리는 날이었다. 온가족을 태우고 가는 것이 많은 부담이 이었다. 운전을 연수해준 장로님은 나에게 초보가 고속도로를 운전 할 때는 옆도 뒤도 돌아보지 말고 앞만 보고 가야한다고 하였다. 잘못하면 큰 사고가 난다고 하였다. 나는 그 권면대로 산소까지 잘 갔다가 내려오고 있었다.

오후 5시가 조금 넘은 시간이었다. 갑자기 뒷자리에 있던 아내가 울기 시작했다.

그리고 주안이가 무서워하고 두려워하는 눈물을 흘리며 울었다. 아내는 주안이가 이상하다고 하며 뒤를 돌아보라는 것이다. 나는 초보운전자라 그렇게 볼 수가 없었다. 너무나 심각한 아내의 눈물과 아들 주안이의 공포에 잡힌 울음을 듣고 견딜 수가 없어서 갓길에 먼저 차를 세우고 확인 해보니 의식을 거의 잃어가고 있었다. 톨게이트를 빠져나가서 우리가족은 기도하기 시작하였다.

하나님 왜 이렇습니까?

우리 주안이 살려주세요. 그리고 회개하기도 하였다. 혹시라도 아브라함 처럼 아들이삭을 하나님보다 더 좋아하여 모리아산에 번제물로 드리라는 시험처럼 여겨지기도 하였다. 막 울면서 기도하다가 이상한 기운을 느끼고 축사하기 시작하였다. 예수이름으로 귀신을 쫓아내었다. 주안이는 두려움에 잡혀서 울고 또 울었다. 그러다가 아무 반응도 하지 않기에 이제 괜찮아 졌는가 생각했다. 그런데 흔들어도 반응이 없었다. 얼굴이 어둡고 완전히 죽은 모습이었다. 우리 가족은 너무나 큰 충격이었다.

하나님께 울면서 살려 달라고 하는 기도밖에 할 수가 없었다.

그때 하나님께서 나타나셨다.

‘좋아!! 보았느냐!’

“예 하나님!”

하나님은 ‘무엇을 보았느냐’ 물으셨다.

그때 나는 주저 없이 “귀신들려 죽었습니다. 하나님 살려 주세요”라고 하였다.

내 평생에 다음세대를 향해 눈물을 멈출 수 없는 사건이었다.

너가 본 것처럼 귀신이 나의 어린 자녀를 공격하여 죽이고 있는데 부모들과 교회가 이 사실을 모르고 방치해 두고 있다는 것이다.

그러면서 나에게 다음세대를 훈련시켜 나실인으로 키워라는 것이었다.

“예 알았습니다”라고 고백하자 주안이가 깨어나는 것이었다.

그때부터 나는 어린이 제자훈련을 시작하였다.

그 후 우리 주안이는 우리가 상상할 수 없는 불안과 공포와 두려움에 잡혀서 4년을 우울증에 시달리면서 살아왔다.

부모로서 고통스러워 보기 힘든 과정 이었다. 항상 울고 무섭다고 하였다.

하나님은 나의 아들 주안이를 통하여 이 땅의 아이들, 귀신에게 공격받은 아이들의 모습을 보여주었다. 1여년 동안 어린이집을 차량으로 태워주면서 매일 울면서 어린이집에 가지 않으려고 하는 모습을 보면서 가슴이 아팠다. 부흥회가 끝나고 숙소에 있으면 전화가 와서 울면서 무섭고 심심하다고 하였다. 내가 조금만 차량 길을 잃으면 내 목을 안고 울기 시작했다. 아빠 무서워...

나는 지금도 우리 주안이에게 미안해한다. 못난 아빠를 깨닫게 하려고 하나님께서 우리 아들을 흑암의 세계를 경험하게 하였기 때문이다.

주안이가 8살 되던 날 하나님은 큰 복을 주셨다.

청소년 수련회 저녁집회 2시간 동안 말씀 듣고 기도하다가 성령의 기름부음을 받았다. 그 이후 시달리던 모든 증세가 완전히 사라지고 상상 할 수도 없는 깜짝 놀랄 정도로 새롭게 거듭났다. 기도도 잘하고. 찬양도 잘하고 공부가 제일 쉽다고 하는 것이다.

하나님은 나에게 어두움에 시달린 자녀들이 성령의 기름부음을 받아야함을 아들 주안이를 통하여 보여 주셨다.

지금도 잘 자라고 있다. 올해 5학년인데 반장이 되었다. 내년 6학년땐 학생회장에 도전하겠다고 한다. 주안이의 비전은 고통당하는 다음세대를 전도하여 제자삼는 목사가 되는 것이다. 하나님은 합력하여 선을 이루신다.

어릴 때 경험한 영적세계가 주안이에게 다음세대를 살리는 중요한 힘이 될 것이라고 확신한다.

전국을 다니면서 주안이 같은 아이들을 너무나 많이 보았다.

어릴 때 귀신에게 시달리다가 청소년이 되어서 술과 담배, 욕, 게임중독 등에 빠져서 인생을 망치는 아이들. 그 내면의 사실을 알기에 나는 오늘도 멈출 수가 없다. 사각지대에 빠진 다음세대를 살리라는 주님의 명령...

네 자녀에게 부지런히 가르치며 집에 앉았을 때에든지 길을 갈 때에든지 누워 있을 때에든지 일어날 때에든지 이 말씀을 강론할 것이며 〈신명기6:7〉

도둑질 하러 교회 온 아이들

교회는 하나님의 축복으로 다음세대로 넘쳐났다.

본당과 지하층까지 예배를 드려야 할 정도였다.

그러던 어느 날 5명의 아이들이 교회에 왔다. 겉모습만 보아도 정상적인 가정에서 자란 아이들이 아니었다. 5명 모두가 할머니나 어머니 편모에게서 자란 아이들이었다. 부모들은 직장에 다니느라 아이들을 잘 챙기지 못하였다. 예배가 잘 드려질 리가 없었다. 항상 떠들고 장난치고 교사를 힘들게 하였다.

그러던 어느 날 교회의 물건을 훔친 것이 발각되었다. 너무나 가슴 아파서 핵심 주동 아이에게 추궁을 하였다. 그랬더니 귀신이 자기에게 도둑질을 시킨다는 것이다.

지금도 자기에게 슈퍼에 가서 물건을 훔칠 것을 지시한다는 것이다.

충격적인 일이었다. 아이들이 이대로 자라면 어떻게 될까 생각하니 가슴이 너무나 아팠다. 하나님이 이들을 우리 교회에 보내신 뜻이 있을 것이라 생각하고 최선을 다해 돌보기 시작했다.

날이 갈수록 아이들에게 변화가 일어나기 시작했다. 부모님들도 만나게 되었다. 부모들은 교사들에게 자녀를 잘 부탁한다고 말하였다. 교사들은 최선을 다해 양육하고 돌보았다.

그 중 한명의 아이는 부모가 교회까지 와서 교사를 하기도 하였다. 참으로 보람을 느낀 순간이었다.

귀신에게 잡혀서 자라는 아이들이 있다는 하나님의 말씀을 그대로 체험할 수 있었다. 그러던 어느 날 교사 한 분이 그 중 두 아이가 형제간인데 오늘 저녁이 지나면 대전에 있는 고아원으로 간다는 것이다. 할머니가 더 이상 돌볼 수가 없다는 것이다. 저녁예배를 앞두고 나에게 축복기도를 부탁하였다.

나는 그날 예배를 인도할 수가 없었다.

그들의 미래를 생각하니 너무나 마음이 아파서 예배 한 시간 내내 눈물만 흘렸다. 지금까지 목회하면서 그런 경험은 처음이었다.

너무나 마음이 아프고 괴로웠다. 이럴 줄 알았으면 조금 더 잘해줄걸...

후회가 되기도 하고 아쉬웠다. 특히 두 형제는 매일 교회에

와서 살았다. 학교 갔다 오면 학원가는 것도 아니요 할 일이 없으니 교회 와서 놀곤 했다.

나를 만나기만 하면 햄버거를 사달라고 하였다. 얼마나 매달리는지 거절 할 수가 없었다. 아마 자주 보니 자식 같이 친해진 것 같다.

나는 그날 하나님께서 다음세대를 바라보는 안타까운 마음을 한번 더 알 수 있었다.

내 목회 경험 중 그날 저녁예배는 평생 잊을 수가 없다.

그들 5명 중 1명 빼고는 더 이상 도적질 하지 않고 잘 성장하였다. 그 1명은 안타깝게도 나이가 가장 많고 핵심 인물이었는데 그 버릇이 쉽게 고쳐지지 않았고 귀신이 계속 붙잡고 놓아주지 아니하였다. 중학교에 가서 학교 적응도 못하고 사고 치고 교도소까지 갔다는 소식을 접했을 때 너무나 미안하고 가슴이 아팠다. 귀신은 한번 붙잡은 아이들을 쉽게 놓아주지 않는다. 우리 주안이도 4년이나 붙잡고 괴롭혔다.

많은 믿음의 부모들조차 이 사실을 잘 모르고 있다. 우리 자녀들이 왜 성격이 과격하고 술과 담배를 하고 나쁜 버릇이 쉽게 고쳐지지 않는지 이해를 못하는 것이다. 주일학교가 부흥하고 많은 아이들이 교회를 찾아올 때 도적질하는 아이들도 찾아온다. 5명중에 4명은 건졌지만 한명을 아쉽다. 그러나 지금도 포기하지 않고 교사와 함께 기도와 관심을 가지고 있다. 마귀의 일중 가장 큰 일은 죽이고 도적질 하는 것이다. 남의

것을 훔치는 도벽은 나쁜 버릇이기 전에 악한 영에 의해 사로
잡혀 있는 것이다. 어릴 때 한번 쯤 부모님 주머니의 돈을 훔
친 것과는 다른 것이다. 전혀 죄책감을 느끼지 못한다. 귀신은
아이들에게 도벽의 영을 주는 것이다. 나중에 성장해서도 그
영적 상태는 드러난다.

도벽의 영에 잡히지 않도록 교회가 다음세대를 잘 양육해야
한다.

이스라엘 남자 아이를 모두 죽인 바로왕

출애굽기 1장에 보면 애굽 왕 바로가 히브리민족의 번성을 두려워하여 히브리 산파들에게 남자 아이가 태어나면 다 죽이라고 명령하였다. 이스라엘 백성들의 씨를 말려버리겠다는 것이다. 야곱의 아들 요셉이 30세에 총리가 되어 고향에 있는 가족들을 애굽으로 초청하였다. 초청 받은 가족의 수가 70명이었다. 어렵게 살던 야곱의 가족들은 요셉 때문에 졸지에 명문 가문이 되고 애굽 왕 바로에게 고센 땅을 선물로 받아 정착하게 되었다.

세월이 400년 지나 애굽에 요셉을 모르는 왕이 세워지므로 고센 땅에 살던 이스라엘 백성들을 두려워하고 견제하기 시작하였다. 200만 명이나 되는 민족이 버티고 있으니 당연할 것이다. 그들이 높은 관직에 올라오지 못하도록 모두를 종으로 부리기 시작하였다. 그리고 남자 아이가 태어나지 못하게 하였다. 더 이상 번성하는 것을 막겠다는 것이다. 그래서 히브리 산파들을 모두 모아 두고 특별법을 제정하였다. 남자 아이가 태어나면 다 죽이라는 것이었다. 만약에 살려두면 처벌을 받는 것이다.

바로 이것이 사단의 전략이다. 하나님의 백성이 번성하지 못하도록 막는 것이다. 그러므로 당연히 아이들을 공격하는 것이다. 영국교회와 유럽교회들이 이 전략에 무너졌다. 한국교회도 마찬가지로 무너졌다. 그 누구도 부인하지 못할 정도로 주일학교가 무너졌다.

어른에 비해 25% 출석인 주일학교, 술 담배를 대수롭게 않게 여기는 청소년들. 바로가 과거에 공격했던 전략대로 지금도 그렇게 하고 있다.

이단들과 타종교 대부분이 아이들을 핵심전략으로 키우고 있다. 마귀는 자기의 종들을 어릴 때부터 훈련시키는 것이다. 가정을 무너뜨리는 전략도 자녀들을 공격하는 것이다. 히브리 산파들은 하나님을 두려워하여 남자아이를 죽이지 않고 살렸다. 지금도 바로의 손으로부터 아이들을 살려내는 교회와 가정, 교사와 부모들이 필요하다.

귀신의 공격 목표는 가정과 교회를 무너뜨리는 것이다. 그 중심에 있는 우리 아이들을 공격하여 괴롭히고 가정과 교회를 떠나게 만든다. 꿈을 도적질하고 믿음이 생기지 않도록 방해하고 가정의 불화로 아이들이 방황하게 만든다. 이들을 살리는 사역을 포기할 수가 없다. 하나님의 한이기 때문이다. 그들을 바로의 손에서 살려내는 히브리 산파와 같은 사명자가 필요하다. 많은 중직자 가정과 목회자 가정을 만나보면 자녀들이 귀신에게 많이 공격받고 있는 것을 보게 된다. 그러나 가까이 있는 부모들은 잘 모르고 있다. 그냥 내 아이가 성격적으로 나쁜 행동을 하고 사춘기니까 잠깐 그러고 말겠지 하고 생각한다. 속이는 것이 귀신의 전략인데 많은 부모와 교회가 속힘을 당하고 있는 것이다. 우리 자녀들을 바로의 손으로부터 공격으로부터 살려내는 부모와 교회가 많이 세워졌으면 한다.

마땅히 행할 길을 아이에게 가르치라 그리하면 늙어도 그것을 떠나지 아니하리라 〈잠언22:6〉

폭력 과 폭언에 잡힌 아이들

2011년 4월7일 아내가 교회에 가끔 나오는 중학생들이 중심이 되어 같은 학교 학생 두명을 구타함으로 부모들이 학교에 불려가는 등 온갖 수모를 당하고 두 명의 학생은 강제전학 당하고 나머지는 훈계하는 것으로 마무리가 되었다고 말했다.

저녁 9시 기도회 시간에 교회를 가니 그 아이들이 기도 한다고 앉아 있었다. 자원해서 하는 기도가 아니라 벌칙형 기도인 것 같았다. 내가 들어가는 순간 일제히 고개를 들어 나를 바라보았다. 순간 가슴이 너무 아팠다. 나는 그들을 보는 순간 야단을 치기보다 뭐라 할 말이 없고 말문이 막혀버렸다.

이 모든 책임이 우리에게 있다는 사실을 잘 알기 때문이다. 어떤 아이는 부모가 없고 어떤 아이는 이혼 가정이었고 또 어떤 아이는 부모가 있어도 소통이 되지 않는다. 그들은 집단의 힘을 통하여 공동체를 어지럽히고 불안하게 만드는 귀신에게 붙잡혀 있기 때문이다. 그들은 혼자서는 그런 짓을 하지 못한다. 그러나 모이면 우리가 상상할 수도 없는 일을 서슴없이 한다.

이들은 우리 교회 리더 아이가 최근에 전도한 친구들이다. 교회 나온 지 얼마 되지 않은 친구들이다. 학교에서도 선생님들에게 소위 찍힌 아이들이다. 나는 그들을 보면서 더 어릴 때 저들이 말씀과 기도로 자랐으면 더 좋았을 걸 생각할 때가 많다. 그러나 지금도 늦지 않았다. 얼마나 순진한가. 자기들의 잘못을 알고 있기에 기도하라 한다고 교회당에 앉아있지 않은가. 저들에게는 아직 소망이 있다. 우리에게 보낸 저들을 사랑으로 말씀으로 잘 양육하여 제자삼고 세계적인 리더로 세워야 한다.

다행히 학교에서 그들의 교육을 우리 교회 5대 관계회복 프로그램에 맡겼다. 선생님에게 '선생님을 사랑하고 존경하면 공부 1등 성품 1등 한다' 는 CD를 드렸더니 정말 이렇게 되느냐고 되물으며 그들을 부탁한다고 하셨다.

10대에 기회를 놓치면 돌이킬 수 없는 후회를 하게 된다. 저들 대부분은 술과 담배를 한다. 열등감이 많아 다른 아이들을 괴롭히기도 한다. 교회가 저들을 불쌍히 여기고 축복하여 변화를 일으켜야 한다. 저들은 이 사회의 피해자 일 수도 있다.

한 아이에게 집에 가도 된다고 하니 조금 더 기도하고 간다고 말했다. 그래도 주님 안에 들어온 아이들은 괜찮다. 많은 십대 조폭들이 있다. 초등학교 5학년 정도부터 그 속에 들어 간다. 여자 아이들도 많이 있다. 어두움의 권세인 귀신들이 이 렇게 만드는 것이다. 이들은 그 사실을 모른다. 그리고 자기들 이 하는 일이 얼마나 잘못된 일인지도 모른다. 귀신은 10대들 을 철저히 괴롭히고 짓밟는다.

이들이 그곳에서 10대 때 빠져나오지 못하면 돌이킬 수 없 는 후회를 하게 된다. 전국에 다니면서 만난 많은 아이들이 그 속에 있었다.

충격적인 사실은 목사자녀도 있었고 장로, 집사 자녀도 있 다는 것이다. 귀신은 믿는 가정 자녀들을 더욱 괴롭힌다.

나는 거룩한 부담을 오늘도 안고 있다. 저들을 주님의 제자 로 세워야 하는데 나의 힘으로는 부족함을 알기 때문이다. 주 님의 말씀처럼 울면서 기도하고 사랑으로 양육하는 길 뿐임을 알고 있다.

여호와를 경외하는 것이 지식의 근본이거늘 미련한 자는 지혜와 훈계를 멸시하느니라 〈잠언1:7〉

전도 사님 큰일 났어요!

지금 생각해 보아도 아찔한 사건이었다.

나는 1988년~1989년 부산에 있는 한 교회에서 전도사 사역을 하였다.

내 평생 잊을 수 없는 많은 추억과 좋은 사람의 만남과 아픔의 기억이 있는 교회이다.

그곳에서 청소년부를 맡았다. 나의 목회 첫사랑을 쏟아 부은 곳이기도 하다.

기도, 전도, 양육에 최선을 다하였다. 토요기도회는 3시간씩 기도하였다. 전도는 토요일과 주일아침에 열심히 하여서 많은 부흥을 경험하였다. 무엇보다 양육에 집중하였다. 하나님은 나에게 처음으로 양육의 중요함을 일깨워 주셨다. 첫 목양사역지인 부산 토곡에 있는 교회에서도 청소년부를 맡았는데 양육에 집중하였다. 토요일이면 소그룹 3팀 이상 양육하였다. 지금도 그때가 그립고 생생한 기억으로 남아있다. 그때 양육받은 학생들이 목사가 되고 교사가 되어 충성을 다하고 있다. 우리 교회는 고3 학생들이 많았다. 30명이상 출석하였다. 나는 이들을 주일 모든 예배를 마치면 다시 양육하였다. 많은 반대로 있었지만 내 마음에는 지금 양육하지 않으면 안 된다는 생각이 들었다.

그래서 주위의 반대에도 무릅쓰고 열심히 양육 하였다. 그들 중에 지금 중국선교사, 오엠선교사들이 나왔다. 교회에 충성하는 제자들이 많이 배출된 것이다. 지금도 나는 고3 학생들의 양육의 중요성을 알고 있다. 가장 힘든 시기, 가장 마음이 혼란한 시기에 하나님의 말씀을 붙잡고 분명한 삶의 목적을 가지고 살도록 교회가 도와주어야 한다.

열심히 사역을 하던 중 여름수련회를 가게 되었다. 수련회 장소는 내가 잘 아는 전도사님이 운영하는 기도원이었다. 60여명의 학생들을 인솔하여 교사 한명과 함께 2박 3일간의 수련회를 갔다. 그곳에서 내 평생 처음 보는 사건이 일어났다.

첫날 저녁집회가 끝나고 밤 12시부터 특별 기도회를 가졌다. 일정표에 없는 것이라 원하는 사람만 참석하는 것으로 하였다. 60여명 중 50명 정도가 참석하였다. 참 기쁘고 감사했다. 함께 모여 내가 직접 찬양을 인도하면서 시작하였다. 그런데 그날따라 찬양을 하려고 하면 자꾸 어지럽고 힘이 빠지는 것을 느꼈다. 그래도 눈을 감고 열심히 찬양 인도를 하였다.

그때 함께 간 교사가 급하게 와서 나를 부르는 것이었다.

'전도사님! 큰일 났어요'

"왜요"

교사는 나를 잠깐 내려오라고 하는 것이다.

나는 왠지 예감이 좋지 않았다. 내려 가보니 학생 한명이 입에서 거품을 내고 온 몸을 비틀고 있는 것이다. 성경에 나오는 귀신들린 광경을 처음 본 것이다.

처음에는 너무나 당황하였다. 이러다가 죽으면 어쩌지 계속 이러면 어쩌지 라는 생각이 머리를 스쳐지나가고 있었다. 그때 주님께서 예수이름을 사용할 것을 생각나게 하였다. 그 광경은 나와 교사 두 사람만 알지 모든 학생들은 기도한다고 모르고 있었다. 그것도 하나님의 은혜였다. 나는 당장 귀신들린 아이에게 외쳤다.

"예수의 이름으로 명하노니 나가라"고 계속 외치고 명하였다.

그랬더니 조금 좋아지다가 다시 더욱 심하게 그 아이에게 고통을 주는 것이었다. 처음 보는 광경이라 너무나 당황스럽고 마음이 두려웠다. 마음으로는 계속 "주님 도와 주세요"라고 외칠 뿐 이었다.

이 아이는 고3인데 부모님 몰래 수련회에 참석한 학생이었다. 평상시 말수도 적은 모범적인 학생이었다. 지금은 둘로스

호에 오엠선교사로 통역을 맡고 있다. 정말 자랑스럽다. 그 제자는 그때 사건을 잘 모르고 있다. 자신은 어떤 일이 일어났는지 모른다고 하였다. 우리가 말을 해주므로 알았다.

열심히 회개하는데 갑자기 흑암이 가슴으로 들어 온듯하더니 그 후는 모르겠다는 것이었다.

나와 교사는 열심히 기도했는데 귀신이 떠나지를 않았다. 갑자기 내 머리에서 찬양하라는 음성이 들렸다. 모두 함께 하라는 것이었다.

기도하고 있는 학생들에게 둥글게 앉아서 찬양하자고 하였다. 중간에는 그 아이가 계속 귀신에게 붙잡혀 온 몸을 비틀고 있었다. 그런데 아무도 눈을 뜨고 보지 않았다.

우리는 찬양하기 시작하였다. 할 수 있거든 무슨 말이냐 믿는 자 에게는 능치 못할 일이 없느니라는 찬양을 한번 부르고 나니 눈이 돌아오고, 두 번 부르고 나니 손과 발이 정상으로 돌아오고, 세 번 부르고 나니 일어나는 것이었다. 그 광경을 직접 지켜보는 나는 정말 놀랐다. 그리고 하나님께 감사하였다. 안도의 한숨을 쉬었다. 찬양의 힘이 이렇게 위대한가! 혼자 기도해도 안 되는 것이 함께 찬양하니 너무나 쉽게 귀신이 떠나는 것을 본 것이다.

다윗이 찬양 했을 때 사울왕에게 붙었던 악신이 떠난 것이 성경에 나왔는데 나는 현장에서 직접 보았다. 그때부터 나는 찬양의 위대함을 알고 찬양을 기도 중에 많이 부르고 있다. 이

제 한숨을 돌리려고 하는데 고3 학생 한명이 갑자기 '전도사님 내 마음에 영혼이 빠져 나간것 같아요... 너무 무서워요 이상해요' 하는 것이다. 이것은 또 무엇인가. 그때 갑자기 온 몸에 소름이 끼치면서 귀신의 역사임을 알 수가 있었다. 손잡고 기도하는데 온몸을 비틀면서 쓰러뜨리고 귀신은 떠났다. 그날 밤 나는 지금까지 목회사역 중 가장 강한 성령의 역사를 경험하였다. 모든 학생들이 회개하고 성령 충만함을 받았다. 그 후 학생회는 계속 부흥이 일어났다.

그들은 지금 나이 40세가 넘어 중년으로 가고 있다. 지금도 만나면 그때 일을 이야기 한다. 처음으로 영적 세계에 눈을 떴다고 한다. 지금도 모슬렘국가에서 선교하는데 그때 받은 영성으로 사역한다고 한다. 예수님께서 사역을 시작하시면서 영적 전쟁을 치룬 것처럼 이들도 그렇게 생각한다. 나는 그 사건으로 더욱 기도사역과 말씀사역에 집중하였다. 귀신은 10대들이 은혜 받도록 내버려 두지 않는다. 나는 한 해 1만명 청소년 수련회를 인도한다. 하나님께서 그때 나를 훈련시키시고 영적 세계를 보여주셨기에 수련회 기도시간에 목숨 건 영적기도를 한다. 1시간~2시간씩 기도한다. 그 시간 어두움에 묶인 다음세대들이 해방 받고 성령 충만함을 받는 것을 보게 된다.

귀신을 쫓아내는 것은 성도의 사명이다. 말씀과 기도와 찬양으로 충만한 다음세대를 키워야 한다. 지금도 귀신의 공격을 받는 크리스천 아이들이 많다. 자신들도 부모들도 잘 모르

고 있다. 그냥 성격 때문이고 성장하는 과정에서 잠깐 일어나
는 일들이라고 그들의 모습을 판단한다. 영적 눈이 열린 부모
가 필요하다. 영적 눈이 열린 교사가 필요하다.

우리의 다음세대를 흑암의 세력으로부터 지켜내고 그들을
영적군사로 세워야 한다.

내 아들아 여호와의 징계를 경히 여기지 말라 그 꾸지람을 싫어하지
말라 대저 여호와께서 그 사랑하시는 자를 징계하시기를 마치 아비가
그 기뻐하는 아들을 징계함 같이 하시느니라 〈잠언3:11~12〉

언제부터 이렇게 되었느냐!

4복음서는 예수님의 행적을 기록한 책이다. 그곳에는 주님의 3대 사역이 중심적으로 기록되어있는데 가르치고, 전파하시고, 고치시는 사역을 하셨다. 가는 곳마다 군중들이 몰려와서 치유 받고 가르침을 받았다.

그중에 가슴 아픈 사건이 마가복음 9장에 기록돼 있다.

예수님께서 변화산에 요한 야고보 베드로를 데리고 기도하러 갔다가 돌아와 보니 난리가 났다. 벙어리 귀신들린 아이를 데리고 와서 제자들에게 고쳐달라고 하니 아무도 고치지를 못하고 쩔쩔매고 있었다.

그 아비가 나와서 말하기를 제자들에게 고쳐달라고 하니 아무도 귀신을 쫓아내지 못 하더이다라고 말을 했다. 이때 예수님은 화가 나서 언제까지 내가 너희와 있어야 나를 믿고 능력을 행하겠느냐 믿음이 없는 세대여 라고 탄식하셨다. 그리고 그 아비를 불러 언제부터 이렇게 되었느냐고 물으니 어릴 때부터 귀신들려 물속에 들어가기도 하고 불속에 들어가서 귀신이 죽이려고 했다는 것이다.

그 아비는 주님께 할 수 있거든 도와달라고 호소하였다. 그러나 주님은 "할 수 있거든이 무슨 말이냐 믿는자 에게는 능치 못할 일이 없느니라(막 9:23)"고 말씀하셨다.

그때 그 아비는 믿음 없는 것을 도와 달라고 호소하면서 매달렸다.

주님은 귀신을 꾸짖고 쫓아내고 그 아이를 고쳐주었다. 그 광경을 본 사람들과 제자들은 깜짝 놀랐다. 한 제자가 조용히 찾아와서 우리는 왜 쫓아내지 못하였습니까? 물었다. 주님은 기도 외에 이런 역사가 나타나지 않는다고 기도하지 않는 제자들을 꾸짖으셨다.

오늘 여기서 우리는 이 아이가 어릴 때부터 이렇게 되었다는 사실을 주목해 보아야한다.

귀신은 아이들을 괴롭힌다. 옥토와 같은 마음에 공격하여 잘못된 것이 자라도록 씨를 뿌린다. 어릴 때 영적 상태는 평생을 좌우한다. 이 사실은 잠언 22장 6절에서 잘 말해주고 있다. 아이들을 가르치면 늙어서도 그 길을 떠나지 않는다는 말씀이다. 반대로 어릴 때 사단의 공격을 받아 상처받고 잘못된 교훈을 받으면 평생 가는 것이다. 왜 주님께서 내 어린양을 먹이라 (요21:15) 고 말씀 하셨는가? 한사람의 평생은 어릴 때 결정 나기 때문이다. 운동이든 예능이든 어릴 때 체질을 만들어야 하는 것이다. 사회주의자들도 아이들에게 자기들의 사상을 가르친다. 아이 때는 모든 것에 기초를 세우는 시기이다. 영적으로 올바른 기초를 세워 주어야한다.

귀신들린 아이의 부모는 얼마나 고통스럽게 살아왔겠는가? 죄인처럼 살지 않았겠는가? 하루도 편안한 날이 없었을 것이다. 친척이나 친구 앞에 제대로 나서지 못했을 것이다. 음식이나 제대로 먹었겠는가. 자식보다 더 고통스러운 날을 보냈을 것이다. 있는 재산마저 아이를 고쳐보려고 다 허비하지 않았겠는가. 그러다가 어느 날 예수님의 소식을 듣고 찾아왔다. 지금 우리 주위에 이 아비와 같은 이사벨 사건을 통해서도 볼 수 있듯이 동생을 죽이는 가인을 보라. 귀신들린 상태인 것처럼 보이는 사람이 많을 것이다.

귀신은 인정사정 없이 잔인하다. 가인과 아벨사건을 통해 볼 수 있듯이 동생을 죽이는 가인을 보라 귀신들린 상태인 것이다. 아니면 어찌 동생을 돌로 쳐 죽이겠는가. 4복음서에 귀신들린 사건이 많이 나온다. 그 중에 대부분이 아이들 자녀들이라고 기록되어 있다. 여기서 분명 귀신의 전략은 우리 자녀들, 아이들을 공격하는 것임이 분명하다.

나는 전국을 다니면서 너무나 많이 본다. 귀신의 공격을 받는 크리스천 아이들, 그리고 그 사실을 모르는 부모와 교사들 우리가 얼마나 큰 죄를 짓고 있는지 알아야 한다. 대부분 아이들은 귀신을 무서워 한다. 자신이 이길 수 없는 존재라고 생각한다. 우리는 분명히 가르쳐 주어야 한다. 하나님의 자녀는 권세가 주어졌는데 귀신을 이기는 권세라고 가르쳐 주어야 한다.

지혜를 얻은 자와 명철을 얻은 자는 복이 있나니 이는 지혜를 얻는 것이 은을 얻는 것보다 낫고 그 이익이 정금보다 나음이니라 지혜는 진주보다 귀하니 네가 사모하는 모든 것으로도 이에 비교할 수 없도다 그의 오른손에는 장수가 있고 그의 왼손에는 부귀가 있나니 그 길은 즐거운 길이요 그의 지름길은 다 평강이니라 〈잠언3:13~17〉

목사님 하나님은 왜 마귀를 그냥 두시는거죠!

"목사님 왜 하나님은 마귀를 그냥 두시는 거죠?"

교회카페에서 장로님과 대화를 나누고 있는데 갑자기 한 학생이 다가와 한 말이다.

갑작스런 질문이라 놀라기도 했지만 그 학생에게는 심각한 고민이었을 것이다.

악을 행하는 귀신을 하나님께서 시원하게 멸하고 쫓아내면 좋을 것인데 왜 악이 존재 하는지에 대한 고민이었을 것이다. 나는 그 학생에게 이렇게 말을 해주었다.

하나님은 너에게 맡겼다. 이제는 네가 귀신을 쫓아내라고, 영적 전쟁하라고 명하셨다. 너에게 능력을 주신 목적이 바로 그 이유라고 하였다. 학생은 그 말을 듣고 얼굴이 밝아지면서 돌아갔다. 그리고 그 다음날 친구초청잔치에 친구 10명 이상을 전도해 왔다. 아마 전도 중에 귀신이 방해하는 것을 느끼고 하나님이 왜 가만 두시는지 화가 난 모양이다. 한마디 질문에 대한 대답이 그에게 큰 영향을 준 것 같았다. 아마도 학생들이 질문을 하지 않아서 그렇지 그 질문을 하고 싶은 학생들이 많을 것이다. 바울 사도는 에베소서6장에서 우리의 싸움이 귀신임을 분명히 말하고 있다.

우리는 귀신과 싸워 이겨야 진정한 승리라고 말한다. 하나님은 이기도록 모든 무기를 우리에게 다 주었다. 기도와 말씀 예수이름을 주셨다.

나는 그 사건을 통하여 성도들의 사업도 학생들의 공부도 많은 사람을 전도하는 일도 귀신의 정체와 나는 누구인지를 바로 알아서 귀신을 이기는 권세가 있는 것을 알고 사용하는 자가 모든 일에 승리하는 것을 한번 더 생각하게 되었다.

예수님은 제자들을 부르시고 3가지 권세를 주셨다(막 3:13~14) 주님께서 함께 하시는 것과 전도하는 것과 귀신을 이기는 권세를 주었다. 제자들은 이것을 가지고 다니면서 전도하고 병을 고치고 귀신을 쫓아내었다. 구원받은 사람이라면 누구나 그 권세가 주어졌다. 기도하면서 잘 사용해야 한다. 귀신과의 싸움은 영적 싸움이라 기도하지 않고서는 우리 스스로 속아서 쓰러지고 만다.

겟세마네동산에서 주님은 기도하지 않고 잠자는 제자들을

향하여 기도하지 않으면 마귀의 시험과 공격을 이길 수 없다고 선언한다. 그들은 그 말을 귀담아 듣지 않고 기도하지 않았다. 결국 귀신의 공격을 받아 주님을 배신하고 만다.

지금 우리 주위에 많은 성도들이 이렇게 쓰러져 교회를 떠나고 불평하고 원망하면서 살아가는 사람들이 많이 있다. 그들은 이유를 잘 모른다. 모든 것이 환경과 다른 사람 탓이라고 생각한다.

한 학생이 영적실체를 알고 기도하니 전도문이 열리고 능력이 나타났다.

지금 우리 자녀들에게 영적 실체를 가르쳐야 한다.

나는 누구인지 바로 가르치고 기도하게 해야 한다. 능력 있는 삶을 살게 도와주어야 한다. 우리가 보호만 하지 말고 능력 있는 자녀가 되도록 만들어야 한다. 이것은 급한 일이다. 하나님의 한이다. 지금 바로 시작해야한다.

모든 지킬 만한 것 중에 더욱 네 마음을 지키라 생명의 근원이 이에서 남이니라 〈잠언4:23〉

주여 내 딸이 흉악한 귀신에 들렸나이다

성경 여러 곳에 가슴 아픈 이야기들이 많이 나온다.

그 중 한곳이 마태복음 15장에 수로보니게 여인이 주님을 찾아와서 귀신들린 딸을 고쳐달라고 외치는 장면이다. 어느 날 예수님이 두로와 시돈 지방으로 지나가실 때 일어난 사건이다. 가나안에서 온 여인이 갑자기 주님 앞에 나타나서 절규하는 마음으로 흉악한 귀신들린 딸을 고쳐 달라고 매달렸다.

그러나 주님은 본 척도 안하고 그냥 지나갔다. 그 당시 많은 사람이 주님께 찾아와서 매달리고 도움을 요청하였다. 주님은 그런 사람 중 한사람으로 여기고 바쁜 일정 때문에 그냥 지나쳤다. 그러나 이 여인은 지금 주님을 놓치면 평생 딸을 고칠 수 없다는 절박함에 계속 따라 가면서 외쳤다. 그랬더니 제자들이 와서 우리 뒤에서 한 여인이 소리 지르면서 따라오고 있다고 보고하였다. 그래도 주님은 나는 이스라엘 집에 잃어버린 양 외에는 구원하지 않겠다고 말씀하였다. 그때 그 여자가 주님 발 앞에 무릎을 꿇고 절하면서 도와달라고 호소한다. 그때 주님은 그 여인을 개 취급한다. 이방인의 개라고 말하였다. 바로 그때 주님의 마음을 움직이는 고백을 이 여인이 한다. '개들도 주인의 상에 떨어지는 부스러기를 먹나이다. 주님은 나의 주인입니다' 라는 고백이다. 그 믿음의 고백을 들으시고 그 여인의 믿음을 보시고 '여자여 네 믿음이 크도다 네 소원대로 되리라' 선포하였다. 그때 집에 있던 딸이 흉악한 귀신으로부터 해방 받고 고침을 받았다. 참으로 감동스러운 장면이 아닐 수 없다.

그러나 우리는 그 여인의 평생의 삶을 생각해 보아야 한다.

이쁜 딸을 낳고 잘 키워오다가 어느 날부터 딸이 이상한 행동과 이상한 말을 하기 시작한다. 점점 상태가 악해지고 나중에는 완전히 이성을 잃고 귀신에 잡혀 가족도 못 알아보고 많은 사람에게 손가락질 받는 딸이 되었다. 가족과 그를 사랑하는 사람들은 얼마나 안타까웠을까. 지금도 우리 주위에 이런 환경에 잡힌 가정들이 많다. 보통 사람의 눈으로 분별하기 쉽지 않은 아이들이 많다. 점점 성장하면서 겉으로 나타난다. 사회생활을 완전히 못하는 경우도 있다. 도벽으로 살인자로 이 사회를 무너뜨리는 사람으로 나타나기도 한다. 어릴 때 귀신에게 공격받은 사람은 정상적으로 성장하기 힘들다. 나는 너무나 많이 보았다. 우리 주안이를 통하여 본 사건이 전국에 많은 목회자 가정과 크리스천아이들이 그럴까?

나중에 분명히 알게 되었다. 바로는 택함 받은 믿음의 백성을 죽이려고 한다. 믿음의 대가 이어지는 것을 막는다. 교회는 다음세대를 통하여 신앙의 대를 이어가야 한다. 그러나 사단은 그 사실을 알고 모든 방법을 동원하여 막는다. 가정의 혼란과 학교의 무너진 교단 모든 것 뒤에 숨어있는 어두움의 권세가 있다.

어릴 때 딸이 귀신들리므로 한 가정이 완전히 무너졌다. 지금도 주변에 이런 가정이 있다. 그리스도를 통해서만 완전한 해결을 받을 수 있다.

"예수그리스도 이름으로 내가 네게 명하노니 그에게서 나오라 하니 귀신이 즉시 나오니라(행 16:18)"

그들이 조반 먹은 후에 예수께서 시몬 베드로에게 이르시되 요한의 아들 시몬아 네가 이 사람들보다 나를 더 사랑하느냐 하시니 이르되 주님 그러하나이다 내가 주님을 사랑하는 줄 주님께서 아시나이다 이르시되 내 어린 양을 먹이라 하시고 〈요한복음21:15〉

목사님 공부가 너무 힘들어요

어느 날 기도 중에 하나님은 공부의 기름을 부으라고 명령하셨다.

그때부터 수련회와 집회를 인도하면서 공부의 기름을 부었다. 그랬더니 많은 학생들에게 기적이 일어나기 시작하였다. 평균 3점 받은 아이가 80점으로 꼴등하던 학생이 전교 2등을 하는 기적들이 전국에서 일어났다.

하나님은 우리 자녀들의 공부를 도와주고 싶어 한다. 그러나 크리스천 학생들은 하나님께 도움을 구하지 않는다. 공부를 위해 하루 1분 이상 기도하는 학생이 1%도 안 된다. 충격적인 사실이다. 그 내면에는 귀신에게 속힌 것이 있다. 부모와 교회 지도자 까지도 공부는 자신이 하는 것이지 기도 하는 것이 아니라는 분위기가 교회 안에 있다. 나도 과거에는 그렇게 생각하였다.

사단의 속임수였다. 하나님은 인간을 만드시고 복을 주시면서 생육하고 번성하여 땅에 충만하고 땅을 다스리라고 명하셨다. 세계적인 리더로 인간을 만드셨다. 아담에게 지혜와 지식을 주시고 다스리게 하였다. 하나님은 인간을 하나님을 대신하여 이 땅을 다스리게 하였다. 그 다스리는 축복 중에 지성을 주었다. 지성이 없이는 진정한 리더가 될 수 없다. 학생들을 만나보면 공부 때문에 고통당하고 너무나 힘들어 하는 학생들이 많다. 지금 한국교회는 학생들 중간고사, 기말고사 기간이 되면 교회 학생부가 텅텅 빈다. 이것은 엄청난 문제이다. 심각한 사건이다. 부모와 학생, 교회가 일정하게 동의하는 가운데 일어나고 있다. 그 내면에 귀신의 장난이 숨어 있다.

미션스쿨인데 주일날 고3 학생들을 학교에 나오게 하는 곳도 있다. 이것은 공부라는 바벨탑이 학생들을 꼼짝 못하게 하는 것이다. 얼마 전 호소문을 국민일보에 광고에 낸 적이 있다. 하나님께서 주일에 학교와 학원으로 가는 학생들을 교회로 돌이키라는 말씀을 주시므로 한국에 모든 부모와 교회를 향해 호소하였다. 하나님은 주일을 잘 지키고 하나님을 찬양하면 공부의 기름을 부어주시는데 그 사실을 믿지 못하는 것이다.

부모도 자녀도 공부 앞에 떨고 있다. 지식의 모든 출발이 하나님이라는 사실을 잊고 있는 것이다. 그리고 사람마다 달란

트가 달라서 아예 공부를 포기하고 기술이나 예능으로 가는 아이들이 많다. 나는 잘못되었다고 본다. 예능도 기술도 공부다. 근본적인 공부를 싫어하고 다른 것에서 성공하는 것은 매우 어렵다.

열정적으로 주님을 잘 섬기는 학생들을 만나서 공부에 대하여 대화를 나누어보면 사단이 얼마나 깊숙하게 개입해 속이고 있는지를 알 수가 있다.

사단이 속이는 것에 대한 증거는 공부를 위해 기도를 안 한다는 것이다. 아예 공부를 위해 기도가 되지 않는 것이다. 이 전쟁을 이겨야 한다. 공부는 학생들의 생업이다. 간절한 기도가 있어야 한다. 야베스의 기도처럼 공부에 복에 복을 더하사라고 간구해야 한다. 부모도 자식도 물질의 중요성에는 간절히 기도한다. 그러나 자녀의 공부를 위해서는 기도하지 않는다. 물질문제보다 더 중요한 문제를 기도하지 않는다. 기도하지 않는 것은 사단에게 속아 넘어간 것이다

매년 청소년 1만명 수련회를 하다보면 공부의 기름 부으심 특강시간에 많은 학생들이 공부에 대한 생각이 변화되는 것을 보게 된다. 하나님께 공부를 도와달라는 것이 죄송하다는 것이다. 왜냐하면 공부는 내가 해야 되는 일이기 때문이라는 것이다. 아니다, 공부는 하나님이 주신 거룩한 선물이다. 그러므로 주님과 함께 해야 한다.

지성은 복음을 전하는 도구로 쓰임 받기 때문이다. 그러므

로 공부의 기름 부으심을 간절히 원하는 것은 겸손한 신앙 행위이다. 저를 만난 많은 학생들 중에 공부가 너무 힘들다고 말한 학생들이 이제는 공부가 쉽고 재미 있다고 한다. 공부의 기름 부으심을 받으면 공부가 재미있다. 그리고 공부가 쉬워지기 시작한다. 어떤 선교사님이 일어 공부를 하는데 너무 힘이 들어 하나님께 기도하기를 '하나님 일어를 만들 때 만든 사람에게 준 지혜를 나에게도 주세요' 라고 기도했다고 한다. 그랬더니 2개월 만에 일어를 마스터 했다는 간증을 들었다. 그렇다 모든 지식은 하나님으로부터 시작된다. 그러므로 하나님께 도와 달라고 해야 한다. 지금 이 시대는 공부의 영적 전쟁시대이다. 교회가 이것에 답을 주어야 한다. 주일에 학원과 학교를 의지하여 주님을 떠나는 이 시대 위기를 막아 내어야 한다. 크리스천 아이들이 목사님 공부가 너무 재미있고 쉬워요 라는 말을 듣는 것이 내 기도제목 중 하나이다.

나는 공부의 기름 부으심이라는 말을 공개적으로 사용한 한국교회 최초 목사이다. 이 사명은 이 시대 하나님의 교회를 향한 특명이라고 생각한다.

예수께서 돌이켜 그들을 향하여 이르시되 예루살렘의 딸들아 나를 위하여 울지 말고 너희와 너희 자녀를 위하여 울라 〈누가복음23:28〉

2년 동안 십일조를 훔친 목사 아들

다음세대를 살리라는 주님의 명령을 받고 2003년부터 전국을 다녔다.

그러면서 많은 목사님과 교사들 그리고 학생들을 만났다.

그중에 지금도 생각하면 마음이 울컥하는 한 학생의 간증이 있다. 지금은 신학 대학생으로 목사의 길을 준비하는 귀한 일꾼이다. 많은 만남 중 가장 가슴 아프고 하나님의 사랑이 얼마나 큰지 알게 된 이야기이다. 예수님의 귀한 제자가 되어 이 땅에 청소년을 살리는 목사가 되겠다고 준비하고 있으니 얼마나 감사한 일인지 모른다. 이 아이의 간증을 처음 들었을 때 너무나 놀랐다. 개척교회 목사 아들로서 2년 동안 교회 십일조 헌금을 도적질하여 과자를 사먹고 피시방에 가서 게임을 하면서 돈을 사용했다는 것이다. 아버지 목사님은 큰 교회 부목사로 있다가 개척을 한 것이다. 부목사로 있을 대는 경제적인 어려움이 많지 않았는데 개척교회 목사다보니 가정에 경제적인 어려움이 온 것이다. 자연스럽게 용돈도 없고 어려우니 헌금에 손을 댄 것이다.

그것이 얼마나 무서운 일인지를 몰랐을 것이다. 그리고 귀신에게 속힌 것이다. 하나님께 드린 성도의 헌금은 아빠 거니까 네가 가져가서 과자 사먹어도 된다고 귀신이 속삭였을 것이다. 처음에 한번 훔칠 때는 두려웠지만 2년간 훔치니 이제는 습관이 되어 무감각해졌다는 것이다. 도벽은 100% 귀신의 역사이다. 얼마나 많은 자녀들이 도벽의 영에 잡혀있는지 모른다. 목사아들이 그랬다면 많은 크리스천 아이들은 어떻겠는가?

자꾸 헌금이 없어지는 것을 이상하게 여긴 아버지 목사님은 어느 날 그 범인이 아들인 것을 알게 되었다. 그때 그 순간 모든 것이 끝나는 것 같았다고 간증하였다. 야단을 칠 수도 없고 어떤 방법을 찾을 수가 없었다고 한다. 아들에게 용서하는 조건으로 목양 청소년수련회를 가자고 제안하였다. 아들은 지은 죄가 있어서 순종하고 억지로 수련회에 참석하였다고 한다. 은혜 받으러 온 것이 아니기 때문에 모든 것이 불편하고 불평을 하였다고 한다. 너무나 목사님이 속상해서 욕을 하면서 그렇게 하려면 집으로 가라고 하였다고 한다.

수련회 첫날 저녁 목양청소년 수련회는 주여 1천 번 기도하는 시간이 있다. 이것은 하나님께서 나에게 학생들에게 기도의 기름부음을 받게 하는 방법으로 주셨다. 대부분 학생들은 기도체질이 되어있지 않다. 그러나 주여는 외칠 수가 있다. 수천 명 학생이 주여 1천 번을 하는 그 장면은 많이 볼 수 없는 강력한 영적 기름부음의 현장이다. 장난으로 그 자리에 있을 수가 없다. 워낙 강력한 성령의 기름부음이 있다. 이 아이도 처음에 억지로 따라 하다가 진심으로 하나님께 한번 해보자는 생각이 들기 시작했다. 5백번 6백번을 하다 보니 허리가 아프고 가슴이 가파오기 시작했다. 그래도 주여를 외치는데 하나님께서 나타나 그의 이름을 부르면서 '내가 너를 사랑 한다'라고 하였다. 이 아이는 그 한마디가 평생 처음 듣는 사랑한다는 말이었다. 하나님이 자신을 버렸다고 생각을 하였다. 친 엄마가 일찍 돌아가시면서 하나님께서 자신을 버렸다고 생각 했다고 한다.

새엄마의 갈등으로 더욱 버려진 사람이라고 늘 생각해왔다. 그런데 그날 밤 하나님께서 사랑한다는 것이었다. 울고 또 울고 얼마나 울었는지 모른다. 그리고 그날 하나님을 만났다. 그 아이는 이제 도둑질한 도둑놈이 아니라 하나님의 자녀로 거듭났다. 처음으로 하나님의 사랑을 만난 날이었다. 간증 할 때마다 자신을 도둑놈이라고 소개한다. 하나님의 사랑으로 그 자리에 선다고 고백한다. 그리고 그 아이는 아버지 목회에 없어서는 안 될 핵심 멤버가 되었다. 친구 한 명을 위해 중간고사

기간에 3일 금식하면서 제자를 50명이상 전도해서 양육하기 시작하였다. 지금 신학생이 되어 있는 모습을 보면서 기쁘고 보람 있다. 그리고 하나님을 찬양하게 된다.

얼마나 많은 목사 자녀들이 귀신의 공격을 받아 힘들어 하는지 성도들은 모른다.

나는 이 사실을 너무나 잘 알기에 목회자 자녀 수련회에 그들을 위로하고 격려하고 능력 받기를 기도해준다. 귀신은 목사자녀가 무너지면 목회가 무너지고 교회가 무너지는 것을 잘 알고 공격한다. 나는 하나님의 크신 사랑을 그 아이를 통하여 만났다. 우리 하나님은 언제든지 회개하고 주님을 찾으면 기회를 주시고 회복 시켜 주시고 더 큰 축복으로 일꾼으로 사용하시는 것이다.

나는 그 하나님이 너무나 좋다. 나도 부족한 사람이기 때문이다. 귀신이 아무리 공격하여 우리 자녀들을 괴롭혀도 하나님의 사랑이 있는 한 우리는 승리 할 것이다.

예수께서 이르시되 할 수 있거든이 무슨 말이냐 믿는 자에게는 능히 하지 못할 일이 없느니라 하시니 〈마가복음9:23〉

예배를 싫어하는 크리스천 아이들

구약에 가인과 아벨 사건은 참으로 안타깝고 충격적인 사건이다.

형이 동생을 돌로 쳐서 죽인다는 것은 지금 시대도 받아들이기 힘든 이야기이다. 인류 최초의 살인 사건이다. 우리는 그 사건 내면에 숨어 있는 악한 영의 정체를 보아야 한다. 두 사람이 하나님께 예배를 드렸다. 가인의 예배는 자기중심적인 예배였다. 농사한 곡식으로 하나님께 드리는 예배였다.

아벨의 예배는 양의 피를 뿌린 예배였다.

하나님의 뜻대로 드린 예배였다. 결과는 성령충만과 악령충만한 결과가 임하였다.

아벨의 예배는 열납 되고 하나님의 영적 복을 받았으나, 가인의 예배는 하나님이 받지 않으시므로 가인의 마음에 분노가 가득하였다. 결국 동생을 살인하는 무서운 결과가 일어났다. 지금도 우리 주위에 똑같은 일들이 일어난다.

귀신은 예배를 제일 많이 방해한다. 성공적인 예배를 드리지 못하도록 공격한다. 특히 자녀들이 예배 성공자가 되면 세계적인 리더의 복을 받는 것을 귀신은 잘 알고 있다. 그러므로 우리 자녀들의 예배 모든 것을 방해 한다.

한국교회 안에 다음세대 예배가 은혜롭게 드려지는 교회가 얼마나 될까? 정신없이 시간이 지나간다. 장난치고 떠드는 아이, 싸움하는 아이, 잠자는 아이 꼭 전쟁을 치르는 것과 같다. 나실인의 삶의 핵심은 예배이다. 예배 성공자가 되어서 귀신을 공격하는 능력의 종들이 될까봐 겁을 먹고 마귀는 공격한다.

청소년 예배는 너무나 심각하다. 어떤 목사님이 노회 청소년 수련회 강사로 갔다가 설교 중간에 내려왔다는 이야기가 있다. 아이들이 설교를 듣지 않고 장난치고 집중을 하지 않으니까 너무나 화가 난 것이다.

나도 간혹 성령충만 하지 못하여서 강단에 서서 설교해보면 악한 영들이 방해하는 예배는 어쩔 도리가 없을 때가 있다. 요사이는 학생들이 핸드폰을 들고 계속 문자를 보내고 집중을 하지 않는다. 문제는 예배에 은혜 받지 못하고 실패하면 그들은 가인처럼 실패하는 인생을 살게 된다. 우리자녀들을 예배를 좋아하는 자녀로 키워야 한다. 특히 가정예배에 적극적인 아이들로 키워야 한다.

어느 집이건 가정예배를 드리는 집도 찾아보기가 힘들다. 우리교회는 일주일에 한번 만이라도 가정예배를 드리자는 운동을 하고 있다. 사단은 가정에서 예배드리는 것을 싫어한다. 가정에서 예배드리면 믿음의 명가가 되기 때문이다.

많은 학생들이 목양청소년수련회에 와서 은혜 받으면 새벽기도에 가서 기도한다.

그리고 주일날 교회 모든 예배를 다 드리는 리더로 변화 되는 것을 본다. 그 이유는 예배를 방해하는 어두움의 권세가 떠났기 때문이다. 예배를 못 드리도록 방해하는 악한 영과 싸워야 한다. 하나님은 신령과 진정으로 예배드리는 자를 찾아 축복하시고 크게 사용하신다. 10대 때 예배에 성공한 모든 사람은 20대 30대 이후에 유명하게 쓰임 받는 것을 보게 된다.

인류 최초의 살인 사건이 예배 후에 왔다는 것을 꼭 기억하고 예배를 잘 가르쳐서 하나님을 기쁘게 하는 자녀로 키워야 할 것이다.

마귀의 간계를 능히 대적하기 위하여 하나님의 전신 갑주를 입으라 우리의 씨름은 혈과 육을 상대하는 것이 아니요 통치자들과 권세들과 이 어둠의 세상 주관자들과 하늘에 있는 악의 영들을 상대함이라

〈예베소서6:10~11〉

50% 이상이 술과 담배를 하는 크리스천 아이들

어느 날 교회 사택에서 창문을 열고 내려다보니 교회 뒷마당에서 담배를 피우는 학생들이 있었다. 보기에 중학생도 있고 고등학생도 있는 것 같았다. 누구인가 가만히 보니 인근교회 학생들이었다. 내가 아는 학생도 있었다. 그래서 고함을 치면서 야단쳤다. 어디서 담배를 피우고 있느냐며 너희 교회 목사님께 가서 말 할 것이라고 하였다.

그랬더니 곧 그곳을 떠났다. 너무나 마음이 무거웠다. 교회 뒷마당에서 서스럼 없이 하는 행동이 참으로 황당했다. 우리 교회도 새로 온 학생들 대부분이 담배를 피우는 학생들이 오기 시작했다. 이것을 어떻게 대처해야 하나 고민에 빠지기 시작했다. 그러던 중 그들이 왜 담배를 피울까 생각해보니 답이 나왔다. 그들을 품고 가기로 마음을 먹고 양육하기 시작했다. 대구에 잘 아는 목사님 한분은 새로 온 학생들 한 그룹들이 교회 앞마당에서 담배를 피우는 바람에 교회가 발칵 뒤집혔다. 나이 많으신 권사님들은 이제 우리교회 망하게 되었다고 야단들이었다.

그 목사님은 그들을 품고 가기로 결심한 분이었다. 하루는 그들이 똑같은 행동으로 담배를 피우고 교회 마당에 침을 뱉는 것을 보시고 그들 앞에서 담배꽁초를 주워 입에 넣어 씹기 시작했다. 아이들은 충격을 받았다. 목사님은 너희들이 버린 꽁초를 나는 주워 먹겠노라고 하였다. 그랬더니 그들은 이제는 교회에서 담배를 피우지 않겠다고 하였다. 그들 중에는 초등학교 2학년 때부터 피운 아이도 있었다. 가슴 아픈 일이다. 1년이 지나고 교회에 남아있는 학생들은 한명씩 담배를 끊기 시작했다. 지금은 새벽기도도 나오고 공부도 열심히 하려고 노력한다.

광명의 어느 교회는 학생들이 몰려왔는데 99%가 담배를 피우는 학생들이었다. 때론 술을 먹고 교회에 찾아왔다. 그 목사님은 처음에 많이 당황했지만 하나님께서 보내신 영혼임을 알고 품기 시작하였다. 어느 날 기도회를 하고 있는데 여학생 7명이 술을 먹고 교회 와서 기도회 자리에서 오바이트를 한 것이다. 이런 일이 교회 안에서 어찌 일어날 수 있는가? 그러나 일어난 것이다. 목사님은 그들이 토해낸 것을 다 치우고 하나님께 감사를 드렸다고 한다. 이 땅의 청소년들의 고통을 보고 너무나 마음이 아파서 그들을 감당하겠다고 기도를 드렸더니 그 교회 청소년부가 부흥되기 시작하였다. 특히 우리 크리스천 아이들이 남녀 가릴 것 없이 악한 영에 속아서 술과 담배를 한다. 영혼을 황폐시키고 건강을 헤쳐 인생을 실패하게 한다. 지금 학교 현장은 담배와의 전쟁이다. 교사들도 어쩔 수 없을 정도로 심각하다. 문제는 크리스천 아이들이 많이 있다는 것이다. 이들이 담배를 피우고 술을 먹는 이유는 간단하다. 하나님을 만나지 못해서이다. 제대로 신앙생활을 하지 못하기 때문이다. 성령충만 하지 못하기 때문이다.

우리 부모들의 책임도 크다. 교회 책임도 많다. 사회 책임도 있다.

하루는 우리교회에 주일학교 때부터 나온 중학생이 예배를 드리다가 자꾸 밖으로 나가는 것이다. 알고 보니 담배를 피우러 간다고 교사가 말을 하였다. 그리고 주기적으로 가출도 한다는 것이다. 학교에서 친구들의 돈도 빼앗는다고 한다.

나는 그를 조용히 불러 이야기를 나누었다. 부모에 대한 불만 때문에 그렇게 한다고 하였다. 자기가 하고 싶은 것을 부모가 못하게 하니 부모를 괴롭히기로 작정한 것이었다. 나는 그 아이를 야단만 칠 수가 없었다. 담배를 조금씩 줄이고 끊자고 말했다. 학생은 그렇게 하겠노라고 약속했다. 그 후 교회를 나왔다 안 나왔다 하더니 지금은 잘 보이지 않는다. 한번 악한 영에게 잡히면 쉽게 빠져 나오지 못한다.

　목사님 자녀들도 술과 담배를 하는 것을 나는 보았다. 그 누구도 성령충만하지 않으면 10대 때 술과 담배의 유혹을 받는다. 크리스천 부모들은 이 사실을 하나님께 울면서 기도해야 한다. 주님은 '네 자녀를 위해 울라' 고 분명히 명하였다. 지금 우리 자녀들이 술과 담배에 노출되어 있다. 교회가 이 사실을 알고 야단만 치지 말고 그들이 승리 할 수 있도록 도와주어야 한다. 나실인의 삶을 살도록 제자 삼아야 한다. 그리고 그들은 나쁜 아이, 문제아로만 보지 말고 양육하고 제자 삼아야 할 리더로 보아야 한다.

　우리가 기도하는 곳에 가다가 점치는 귀신 들린 여종 하나를 만나니 점으로 그 주인들에게 큰 이익을 주는 자라 그가 바울과 우리를 따라와 소리 질러 이르되 이 사람들은 지극히 높은 하나님의 종으로서 구원의 길을 너희에게 전하는 자라 하며 이같이 여러 날을 하는지라 바울이 심히 괴로워하여 돌이켜 그 귀신에게 이르되 예수 그리스도의 이름으로 내가 네게 명하노니 그에게서 나오라 하니 귀신이 즉시 나오니라 〈사도행전16:16~18〉

친구귀신 5명이 죽은후에게 시달린 아이

나는 참 행복한사람이다. 전국에 나를 통하여 은혜를 받고 변화된 제자들이 많다.

그 중 한명이 청주에 살고 있다. 2년 전 이야기이다.

그 아이가 중학교 3학년에 올라갈 즈음 군산호원대학에서 열린 청소년 수련회 때 처음 만났다.

그 아이를 만나기 전 먼저 홈페이지를 통해서 알게 되었는데 어느 날 싸이월드 목양청소년 카페에 들어갔다가 거짓말 같은 글이 올라와 있어 유심히 읽게 됐다.

기도를 부탁한 글이었다. 내용은 초등학교 때부터 함께 음악을 하려고 모인 친구 4명이 1년 사이에 다 죽었다는 것이다. 처음에는 거짓말인줄 알았다. 그런데 그 내용이 너무나 진실

한 것을 느낄 수 있었다. 그래서 어느 교회 누구인지 궁금했다. 알아보니 내가 잘 아는 교회 학생이었다. 그때부터 이 아이에 대해서 기도가 나오기 시작했다. 친구 4명이 거짓말처럼 이 땅을 떠났다. 한명은 자살했다. 그 동기가 부모님이 음악하지 말고 공부하라한다고 죽은 것이다. 또 다른 친구는 불치병에 걸려 죽고, 또 다른 친구는 찻길을 건너면서 그 아이와 장난치면서 건너다가 차에 치여 자신의 눈앞에서 죽은 것이다. 이런 기막힌 사건이 어디 있단 말인가. 그 후 얼마 안 되어 나머지 친구들도 죽었다.

중학교 2학년인 학생이 친구 5명을 한꺼번에 잃었으니 죽음의 공포에 시달리지 않았겠는가? 하나님을 믿고 있었지만 하나님도 믿어지지 않는 상태에 빠져버렸다. 그때부터 영적으로 시달리고 술과 담배를 하기 시작했다. 누구에게도 상담하고 마음을 털어놓을 사람이 없었다. 혼자 살아있는 자체가 죽은 친구들에게 미안하고 주위에 많은 친구들도 너는 언제 죽느냐고 묻는 것 같아 사람 없는 곳으로 계속 숨기 시작했다. 그러다가 자살을 시도하기도 하였다. 공부는 아예 하지 않고 게임에 빠져 살아갔다. 그러면서도 회복하고 싶은 마음, 살고 싶은 마음이 마음 깊숙한 곳에서부터 조금씩 생겨나기 시작했다.

그러던 어느 날 목양청소년 수련회를 참석한 것이다. 수련회가 다 마치고 모든 교회가 돌아가고 우리 스텝들도 철수하려고 하는데 문 앞에 아직 돌아가지 않은 학생들이 있는 것이다. 나는 자연스럽게 인사차 물었다.

"너희들 어느 교회 학생들이냐"고 물었더니 자기 교회를 말해 주었다. 그때 그러면 카페에 글을 올린 그 아이가 여기 있느냐고 하니 그 아이가 손을 들었다. 나는 그 아이를 보는 순간 안아 주었다. 얼마나 많이 힘들고 시달렸겠는가 생각하니 마음이 아팠다. 그리고 기도해주었다. 기도하는 순간 하나님은 나에게 그 아이를 책임지라고 감동을 주셨다.

그 아이는 드럼을 잘 친다. 꿈이 최고의 드러머가 되는 것이다. 기도가 끝나고 그 아이에게 다음주에 있을 수련회에서 드럼을 맡아달라고 했다. 이미 수천 명 모이는 수련회 찬양 섹션 팀은 다 정해져 있다. 그런데도 이 아이를 세워야 회복되고 치유가 될 것 같았다. 하나님이 주시는 감동대로 나는 말을 하였다. 그 아이도 하겠노라고 말했다. 다음 주 수련회에 중학생이 그 큰 무대에서 드럼을 쳤다. 그때부터 이 아이는 치유되기 시작했고 1년여 동안 집회라는 집회는 다 참석할 정도로 은혜를 사모하였다. 그리고 친구들 수 십 명을 전도하여 매일 밤 교회에서 기도하고 공부를 하였다. 전도1등 공부1등 성품1등의 리더로 변화되기 시작하였다. 고등학교 올라가면서 공부의 기름부음을 받고 열심히 하고 있다. 멀리 떨어져 있지만 나의 귀한 제자이다. 나는 그 제자를 보면서 귀신이 어려운 환경을 통하여 괴롭히는 것을 볼 수 있었다. 하나님께서 부족한 종을 통하여 그 아이를 살려낸 것을 보면서 감사하였다. 귀신은 틈만 있으면 괴롭히고 삶을 포기 하게 만든다.

　가장 가까운 사람이 죽었을 때 천국의 소망이 없으면 우울
증에 걸리고 사단에게 시달린다. 우리는 예수님을 믿고 영생
을 얻고 천국 가는 것이 얼마나 능력인지 알아야 한다.

　집에 들어가시매 제자들이 조용히 묻자오되 우리는 어찌하여 능
히 그 귀신을 쫓아내지 못하였나이까 이르시되 기도 외에 다른 것으
로는 이런 종류가 나갈 수 없느니라 하시니라 〈마가복음9:28~29〉

엄마 나 목양 안하면 안돼요?

내가 목양수련회를 해마다 한 것도 벌써 5년이 된다. 2회 수련회 때 만난 제자 중에 전국적으로 학생으로서 100회 이상 간증을 다닐 정도로 사역에 큰 기적이 일어나 제자가 있다.

나는 그 제자를 통하여 나를 볼 수 있었다. 그리고 부러웠다. 학생시절에 하나님께 크게 쓰임 받는다는 것은 특별한 종이기 때문이다. 가까이서 그 제자의 목양을 지켜 볼 수 있었다. 사단은 철저히 사역을 못하도록 방해 하였다. 그 제자가 은혜를 받고 교회로 돌아가서 전도를 하려고 해도 잘 안되더라는 것이다. 나중에 알고 보니 기도 없이 전도를 했었고 자신은 중학생인데 초등학교 가서 전도하니 전도현장과 시간이 맞지 않아 전도가 될 수 없었다.

그때부터 기도로 시작하고 매일 밤 강단에서 잠을 자면서 기도하기 시작했다. 다니는 학교현장에서 또한 기도하고 전도를 하니 제자가 날이 갈수록 많아지기 시작하였다. 50명이 넘어 100명 가까이 1명의 학생이 전도해서 양육하는 기적이 일어났다. 그로 인하여 삼팔선 가까운 시골교회가 전국적으로 소문나기 시작하고 간증을 다니기 시작했다. 그 제자는 학생시절 평생 목회하다 겪는 목사님들의 목양경험을 다하였다.

한번은 전도한 친구가 배신을 한 것이다. 이 친구는 학교에서도 문제아로 찍히고 가정에서도 속 썩이는 아들이었다. 도벽이 심하여 경찰서에도 갔다 온 친구다. 그의 어머니가 그렇게 간절히 부탁하고 해서 최선을 다해 도와주었는데 배신하고 교회를 나오지 않고 숨기 시작한 것이다. 그 외에도 친구들이 속을 썩이는 것이다. 어느 날 집에 누워서 울면서 어머니인 사모님에게 엄마 나 목양 안하면 안 되냐고 하였다. 사모님은 아무 말도 못하고 함께 울었다고 한다. 나는 그 이야기를 듣고 속으로 많이 울었다. 나도 하나님께 그런 말을 해본 적이 있기 때문이다. 나는 그 친구를 방학에 만나서 제주도 수련회까지 함께 다녔다. 그리고 영적전쟁 하는 제자에게 위로와 힘이 되어주고 싶었다. 어떤 권면도하지 않고 주님이 나를 구원하신 은혜만 생각하고 은혜 받으라고 하였다. 그렇게 한 주간을 은혜 받고 스텝으로 봉사하는데 파주에서 부산 수련회 장소까지 배신한 제자들이 찾아온 것이다. 나는 그 광경을 보고 목회의 새로운 눈을 열었다.

아! 내가 먼저 은혜 받고 있으면 되구나, 아는 사실이지만 잘 되지 않는다. 너무나 감사하였다. 하나님은 참으로 멋있는 분이시다. 우리를 실망시키지 않으신다.

사단이 그 제자를 넘어뜨리려고 얼마나 방해하는지 교회를 흔들고 죽을 번한 사고가 나게 하는 등 많은 공격이 있었지만 하나님이 지켜주시고 협력하여 선을 이루시고 축복하셨다. 지금은 신학대학에서 목사가 되는 길을 준비하고 있다. 참 자랑스럽다.

매일 밤 교회에서 잠을 자면서 고등학교 시절을 보낼 수 있는 것은 아무나 할 수 없다. 특별한 은혜다. 귀신은 10대에 우리 아이들이 사역자로 세워지는 것을 강하게 방해한다. 그러므로 우리는 기도를 가르쳐야 한다. 말씀으로 무장시켜야 한다. 10대에 나실인 영성으로 영적 군사로 키워야 20대를 거쳐 30대에 세계적인 인물로 쓰임 받게 된다. 요셉도 다니엘도 다윗도 다 그런 사람들이다.

나는 오늘도 그 친구와 같은 또 다른 제자를 갈망한다.

예수님께서 제자에 갈망했듯이 나는 교회 모이는 머리수 보다 한명의 제자를 원한다. 우리 주님의 마지막 명령이기도 하다.

제자는 10대에 세워야 한다. 주님의 제자도 모두가 젊은 제자들이었다. 다윗도 17세에 요셉도 17세에 이삭도 17세에 새 역사를 만들었다. 우리 자녀들이 10대에 하나님의 새 역사를 만들도록 기도해야 한다.

10대의 에너지는 대단하다. 하나님은 그들을 사용하신다. 우리도 하나님의 눈을 열고 10대를 보는 새로운 눈을 열자. 가까이 철없어 보이는 자녀들을 하나님의 눈으로 바라보자.

10대의 제자들은 그들을 세워주는 자 앞에 마음을 연다. 한국교회가 10대 목회를 바로 해야 한다. 제자로 그들을 세워야 한다. 그러지 않으면 가슴을 치며 후회 할 날이 속히 올 것이다.

여호와를 경외하며 그의 길을 걷는 자마다 복이 있도다 네가 네 손이 수고한 대로 먹을 것이라 네가 복되고 형통하리로다 네 집 안방에 있는 네 아내는 결실한 포도나무 같으며 네 식탁에 둘러 앉은 자식들은 어린 감람나무 같으리로다 〈시편128:1~3〉

이성을 잃은 착한 아이

생각만 하면 지금도 가슴 아픈 일이다.

예배 시간에 일어나서 의자를 발로차고 고함을 지르고 엄마에게 소리 지르면서 욕을 하는 아이가 있다. 나는 여러 차례 보았지만 영적으로 보면서도 눈으로 보이는 현상에 더욱 판단하였다. 그 어머니는 침착할 정도로 지금까지 인내하고 기도하였다. 최근에도 똑같은 일이 일어났었다. 나는 그 아이를 붙잡고 야단치고 기도를 하였다. 너무나 가슴이 아팠다. 이 사건으로 하나님은 나에게 지금까지 준비 해왔던 이 책을 급하게 출간하게 하였다.

평상시 너무나 착한 아이였다. 엄마를 100일이나 깨워서 새벽기도를 가자고 때 쓸 정도로 은혜도 받은 착한 아이다. 이 사건으로 우리가 영적세계를 보지 못하고 있는 것을 하나님은 질타하였다. 특히 우리교회는 다음세대 사역을 한국교회에 알리는 목양교사운동을 하고 있다. 그러므로 늘 깨어있으라고 이런 사건들을 자주 보여 주신다.

하나님은 나에게 그런 아이들만 모아서 제자반 양육을 하라는 감동을 받고 시작한다.

귀신에게 시달려서 괴성을 지르는 그 소리는 자기를 도와달라는 호소이기도 하다. 지금 그 아이를 온전히 양육하지 않으면 나중에 성장해서 언젠가는 돌이킬 수 없는 사건이 일어날 것이다.

그 아이는 할머니에 의해 성장했다. 엄마가 직장생활을 하기에 늘 할머니 곁에서 자신의 고집대로 자랐다. 그리고 할머니가 날마다 절에 가서 아이를 위해 불공을 드린다. 그 아이 뒤에 항상 어두움의 세력이 있다. 나는 제사를 많이 지내는 가정의 아이, 불공을 많이 드리는 가정의 아이들이 영적으로 많이 시달리는 것을 보았다.

지금은 군대를 제대하여 장성한 청년 한명도 할머니가 매일 절에 가서 불공을 드렸다.

부모의 이혼과 가정위기 속에서도 할머니가 그 아이를 든든히 지켰다. 둘은 너무나 친하다. 그 청년이 어릴 때 자기 방에 귀신이 있어서 눈에 보인다고 도움을 요청 한 적이 많았다. 그러므로 항상 짜증내고 얼굴 표정이 불안해 있고 공부가 제대로 되지 않았다. 하나님의 은혜로 할머니가 교회를 나오게 되었다.

그 이후 그 가정에 분위기가 변화되고 이제 청년이 된 그 친구도 밝게 지내고 있다. 나는 곁에서 그가 사단으로부터 많이 시달리는 것을 보았다. 하나님의 한과 눈물이 그곳에 있음을 보았고 나도 마음이 아파 눈물을 흘린 적이 많았다. 지금 사각지대에 빠져 사단에게 공격받고 고통당하는 우리 아이들을 살려내어야 한다.

귀신은 사람들이 이성을 잃고 행동 하도록 공격한다. 그리고 그 성품을 자연스럽게 공격적인 사람으로 자기중심적인 사람으로 만들어 버린다. 귀신에게 공격을 받는 아이들도 은혜받을 때가 있다. 그 기회를 놓치면 안 된다.

우리교회 어린이 중보기도 팀이 있다. 그 아이들은 교회와 목회자를 위해 기도한다.

어느 날 기도하는 중에 한명의 아이가 기도의 영성을 받고 통곡하기 시작했다. 나는 내 가까이 초등학생이 그렇게 강한 영성에 붙잡혀 기도하는 것을 처음 보았다.

너무나 기뻤다. 그 후 나는 전국적으로 집회하느라 바빠서 그 아이를 돌보지를 못하였다. 그 부모들도 영적으로 무지해서 양육을 온전히 못하였다.

그러던 중 이 아이에게 거친 영이 들어가서 욕을 하고 폭행을 하는 아이로 바뀌어 버렸다. 기도는 하는데 간절히 하지 않고 이제는 찬양도 하지 않는다. 나는 너무나 마음이 아팠다. 부모들은 이혼 한다고 결별하고 엄마는 집을 나가는 일이 일어났다.

처음에는 나도 많이 당황 하였다. 하나님은 나에게 귀신의 세력이 얼마나 강하고 포기하지 않고 괴롭히는지 틈만 주면 공격하고 무너뜨리는 것을 가르쳐 주셨다. 한번 놓치고 나니 다시 쉽게 돌아오지 않는 것을 보았다. 어른이든 아이들이든 은혜 받았을 때 바로 서지 못하고 넘어지면 금방 다시 회복이 되지 않는 것이다.

지금은 그 아이가 많이 차분해지고 가정도 평안해졌다. 그러나 엉첨난 영적 폭풍을 보면서 우리아이들과 가정들이 영적으로 무장하지 않으면 마귀를 이길 수가 없구나 생각했다. 성경에 군대귀신 들린 아이가 청년이 되어서 귀신이 붙잡고 거친 영으로 끌고 다니면서 집을 나가서 무덤에 거처를 삼고 지내는 것을 볼 수 있다.

힘은 얼마나 강한지 쇠사슬로 묶어두어도 쇠사슬을 끊어 버릴 정도이다. 그러니 가정에서 어찌 감당이 되겠는가. 완전히 이성을 잃고 집을 나가 무덤에서 잠을 자고 생활하였다. 예수님은 군대귀신 들린 청년을 고치면서 2천 마리나 되는 돼지를 희생시켰다. 그만큼 한 영혼이 2천 마리 짐승보다 귀하다는 것이다. 2천 마리 돼지를 몰살시키는 귀신의 능력은 강하고도 무섭다 그러나 예수님 앞에 떨고 나갔다. 거친 아이들, 이성을 잃고 행동하는 아이들도 예수님을 믿는 믿음으로 치유 될 수가 있다. 눈에 보이는 모습만 보고 그들을 판단하지 말고 영적으로 성장하도록 도와주고 스스로 영적 싸움을 이기도록 훈련시켜야 한다.

사회에 충격을 주는 무서운 사건들의 주범은 젊은 사람들이다. 그들을 인간의 모습으로 말할 수가 없다. 불쌍하고 안타까운 일이다. 교회가 나서서 전도하고 양육하고 도와주어야 한다. 주님 안에서는 분명한 변화가 생기기 때문이다.

10대에 영적으로 건강하게 만들어 주지 못하면 평생 후회할 것이다.

하나님께 붙잡혀 겸손과 온유한 리더로 만들어야한다. 하나님의 말씀의 씨를 10대 때 뿌려야 한다. 그래야 귀신의 공격을 이길 수가 있다. 옥토인 그들에게 살아있는 말씀, 생명의 말씀을 심어야 한다. 귀신은 말씀이 있는 자를 무서워하고 쉽게 공격하지 못한다. 말씀과 기도로 우리아이들을 무장 시키는 일을 지금부터 해야 한다.

예루살렘아 예루살렘아 선지자들을 죽이고 네게 파송된 자들을 돌로 치는 자여 암탉이 그 새끼를 날개 아래에 모음 같이 내가 네 자녀를 모으려 한 일이 몇 번이더냐 그러나 너희가 원하지 아니하였도다 보라 너희 집이 황폐하여 버려진 바 되리라 〈마태복음23:37~38〉

아빠 귀신이 무서워요?

큰아들 이레가 중학생 때 일이다. 어느 날 집에 들어와서 하는 말이 '아빠 귀신이 무서워요' 라고 하는 것이다.

얼굴이 정말 공포에 사로잡혀 있었다. 온몸은 떨고 있었다. 교회 형과 누나들이 무서운 귀신 이야기를 했는데 머리에서 사라지지 않는다는 것이다. 그래서 잠을 잘 수가 없다는 것이다.

무서워서 떨고 있는 아들에게 영적세계를 말해주었다. 그리고 자신의 정체성을 설명 하였다.

"이레야!! 너는 누구를 믿니"

'예수님을 믿어요'

"그러면 누구의 자녀니"

'하나님의 자녀예요'

"하나님의 자녀는 귀신을 이기는 능력이 있을까 없을까?'

'이길 수 있어요.'

"그런데 왜 무섭니."

'모르겠어요 그냥 무서워요' 라면서 우는 것이다.

그때 알았다. 하나님의 자녀지만 성령충만 해야 영적전쟁에서 승리 하는 것이 구나 한 번 더 생각하게 되었다. 바울도 에베소교회 성도들에게 영적 전쟁을 위하여 무시로 성령 안에서 기도하라고 하였다. 그 말은 영적전쟁은 성령충만 해야 승리할 수 있다는 것이다. 누가복음에 보면 예수님도 성령에 이끌리어 마귀의 시험을 받고 영적전쟁을 승리했다고 기록되어있다. 나는 이레를 붙잡고 그의 방에서 성령충만 하기를 1시간 이상 간절히 기도하였다. 5분정도 했는가 생각했는데 1시간이나 지났다. 그때 한 번 더 자녀와 부모가 함께 기도하는 것이 얼마나 하나님이 기뻐하시고 기도가 간절해지는지 알았다. 성령충만 하기를 간절히 기도하는 중 방언이 터지고 감사가 나왔다. 그 이후에는 귀신을 무서워하는 일이 없어지고 오히려 공격하고 쫓아내는 아들이 되었다. 저녁마다 교회 가서 기도할 때 눈물로 기도하고 찬양으로 기도를 하였다. 지금은 목사가 되기 위해 준비하고 있다.

아이들은 귀신을 무서워한다. 우리나라는 귀신을 숭배하고 무서워하는 영적 분위기를 가지고 있다. 5천년 역사, 우상을 섬긴 나라의 영적분위기다.

지금은 제사를 드리지 않아도 저주 받는다는 생각이 많이 사라졌다. 내가 어릴 때만 해도 제사를 드리지 않으면 조상에게 저주 받는다고 생각들을 하였다. 그러므로 목숨 걸고 빚을 내어서라도 제사를 드렸다. 한국사회에서 다음세대가 예수를 믿으려면 성령충만이 절대적이다. 비단 한국뿐이겠는가 이 땅 자체가 어두움이 덮고 있으니 속사람이 성령으로 충만치 않으면 승리할 수가 없는 것이다. 예수님께서 하늘로 올라가시면서 남긴 핵심말씀이 성령을 받으라는 것이다. 성령을 받기 전에는 예루살렘을 떠나지 말라고 제자들에게 당부하였다.

우리 자녀들에게 성령충만 하도록 하여야 한다. 24시간 항상 귀신은 괴롭힐 것인데 부모가 어찌 따라 다니면서 지켜줄 것인가? 스스로 악한 영을 이길 수 있도록 만들어야 한다. 수련회에서 성령충만 받은 학생들이 새벽기도를 드리고 전도했던 간증들을 듣는다. 성령충만한 생활이 이루어진 것이다. 영적으로 무지하고 늘 마귀에게 시달리던 학생들이 성령충만해서 강하고 담대한 예수님의 제자로 변화 되는 것을 보면 너무나 큰 감격과 감사가 나온다. 10대 때 다윗처럼 다니엘처럼 성령충만 하면 세계적인 인물이 된다. 두 사람 모두 같은 공통점 하나가 있다. 기도의 체질이라는 것이다. 어떤 상황에서도 그들은 하나님께 감사의 기도, 간절한 기도를 드렸다. 특히 시편은 대부분 다윗이 힘들고 어려웠을 때 하나님께 찬양하고 기도한 내용 들이다. 다니엘도 하루 세 번씩 항상 기도를 드렸다. 그러므로 성령충만 함이 지속 된 것이다.

나는 학생들에게 기도를 강조 한다. 하루에 한 시간 기도와 새벽기도를 강조한다. 기도체질이 되지 않으면 한국에 10대와 20대 생활을 승리할 수가 없다. 항상 마귀의 유혹과 세상의 정욕이 가만히 두지 않기 때문이다. 한국문화에서 크리스천 젊은이가 승리하려면 기도를 엄청나게 해야 한다. 많이 해야 한다. 그 만큼 영적전쟁이 심각하다는 것이다.

영화관이나 백화점까지도 점치는 젊은 사람들이 판을 친다. 그것은 점을 보는 젊은이가 많기 때문이다 케이블 TV에 우리나라 만큼 무당들이 나오고 점을 치는 역술인이 많이 나오는 나라가 어디 있을까?

10대에 우리의 자녀들이 성령충만 하여 영적전쟁을 승리하게 해야 한다. 영적으로 무장시켜서 세상으로 보내야 한다.

귀신을 무서워하는 것이 아니라 귀신이 무서워하는 자녀로 키워야 한다. 말씀과 기도의 체질이 된 자녀를 귀신은 무서워한다. 우리들의 자녀들이 그렇게 되도록 교회와 가정에서 최선을 다해야 한다.

보라 여호와의 크고 두려운 날이 이르기 전에 내가 선지자 엘리야를 너희에게 보내리니 그가 아버지의 마음을 자녀에게로 돌이키게 하고 자녀들의 마음을 그들의 아버지에게로 돌이키게 하리라 돌이키지 아니하면 두렵건대 내가 와서 저주로 그 땅을 칠까 하노라 〈말라기 4:5~6〉

가정을 무너뜨리고 자녀들을 괴롭히는 악한 영

사단은 처음부터 에덴동산에서 가정을 공격하여 무너뜨렸다. 그리고 그 결과는 너무나 큰 고통이었다. 에덴에서 쫓겨난 아담과 하와는 아무나 쉽게 경험해보지 못하는 큰 고통을 경험한다. 그것이 가인이 동생 아벨을 돌로 쳐서 죽이는 살인사건이다. 인류 최초의 살인사건은 아담의 자녀들에게서 일어났다. 아담은 얼마나 충격을 받았겠는가? 하와는 더더욱 그러했을 것이다. 어느 부모가 형제간의 살인에 온전할 수 있겠는가? 우리가 지금 생각해 보아도 마음이 아프지 않는가?

이것이 사단의 전략이다. 가정을 무너뜨리는 사단은 그 속에 있는 자녀들을 공격하기 위함이다. 이 사실을 아는 부모들이 별로 없다. 그러므로 쉽게 이혼하고 자식들을 버리는 것이다. 자녀들은 자기들의 의지와 상관없이 부모와 헤어지게 된다. 그때부터 10대들의 인생이 꼬이기 시작한다. 언어도 거칠어지고 행동도 거칠어진다. 어른들의 말에 반항하고 하나님의 말씀도 순종 하지 않는다. 하나님은 자기의 기도를 들어주지 않으시고 가정이 깨지도록 방치한다고 생각한다. 한국은 4가정에 1가정이 이혼한 가정이다. 여고생들의 기막힌 대화를 들어 보았다. '너희 부모들은 언제 이혼하니.' 이 이야기가 여고생들의 일반적인 대화라고 한다.

이혼의 가장 많은 원인은 두 가지다. 성격차이와 경제문제이다. 자녀들이 볼 때에는 너무나 우스운 것이다. 부모들이 싸우는 내용을 보면 너무나 어이가 없다는 것이다. 성격차이에서 서로를 자존심 상하게 하는 것부터 사소한 것 때문에 싸우는 그들을 보면서 부모로서 존경 하지 못하는 것이다.

성경 속에 나타난 사단의 주요 전략은 가정을 깨지게 하는 것이다. 그 속에 자녀들을 타락시키기 위한 것이 있다. 나는 수련회 말씀 시간에 간혹 부모들이 이혼한 아이는 더 크게 쓰임 받는다고 말한다. 이것은 사단에게 선포하는 것이다. 그리고 학생들에게 하나님이 우리 아버지임을 말하고 싶은 것이다. 사단은 가정을 무너뜨리면 모든 자녀들이 불행해 질것이라 생각한다. 그럴 수 있다. 그러나 하나님의 목적을 가진 아이들, 하나님과 함께 동행 하는 아이들은 더 큰 사역자로 세워진다.

부모의지에서 하나님의지로 변화되므로 오는 결과이다. 머리가 나쁜 사단은 이것을 모른다. 가정을 무너뜨리면 모두가 불행해 지는 줄 안다. 그러나 안타깝게도 대부분의 학생들은 가정파탄이 일어나면 10대의 삶을 방황한다. 평생 돌이킬 수 없는 늪으로 빠지고 만다. 그럴 때 마다 교회의 사명 기독인들의 사명이 이 시대 깨진 가정의 자녀들을 올바르게 인도해야 할 큰 사명이 있다는 것을 알게 된다.

우리의 자녀들이 10대에 꿈을 꾸고 실력을 갖추고 좋은 추억을 가지게 해야 한다.

나의 10대만 보아도 부모님들이 이혼을 한 것은 아니지만 하루도 빠짐없이 매일 부부 싸움을 하였다. 동네가 시끄러울 정도로 싸움을 하였다. 지금 생각해도 이해하기 힘들다. 나도 결혼해서 25년 이상을 살고 있지만 그렇게 많이 싸움을 한 부모님들을 만나보지 못하였다. 어린시절 기억은 가정이 늘 가난하고 싸우는 기억들이 많다.

나는 과연 예수님이 아니었으면 정상적인 가정생활을 했을까 생각해 볼 때가 많다. 우리 형제들을 보면서 예수 믿은 것이 얼마나 가정에 축복인지 늘 생각한다.

어린 시절 화목하지 못한 가정환경 때문에 나는 영적으로 시달렸다. 밤에 자다가 벌떡 일어나 밖을 뛰쳐나가기도 하였다. 초등학교 6학년까지 밤마다 오줌을 쌌다. 이것은 가정의 영적분위기 때문에 일어났다고 생각한다.

그 속에서도 감사한 것은 하나님께서 초등학교 때 나를 교회로 불러주셨다는 것이다. 매주 교회 가는 즐거움이 나의 어린 시절 즐거움이 되었다. 그리고 지금도 내 마음에 상처와 고통의 어린 시절보다 좋은 기억과 추억으로 남아있다. 나의 어린 시절 예수님이 아니었으면 지금의 나는 없었을 것이다.

이 땅에 가정에 폭격을 가하여 무너뜨리려는 사단 그리고 우리의 자녀들에게 고통스러운 어린 시절의 추억을 만들고 자기의 종으로 이끌어 가려고 하는 사단의 세력이 아무리 발버둥치고 공격해 와도 주님 안에서 성장하면 고통은 오히려 더 큰 사명과 축복으로 변화 될 것이다. 가정 안에 원수가 있다고 한 주님의 말씀을 꼭 기억해야 한다. 우리 가족들이 원수가 아니라 악한 영들이 가정을 공격한다는 말씀이다. 이 시대 가정을 말씀으로 기도로 잘 지키는 지혜로운 부모들이 필요하다.

이 시대 가장 큰 사역, 가정을 악한 영으로부터 지키는 것이다. 우리 자녀들을 지켜야 한다.

여호와께서 이르시되 네가 수고도 아니하였고 재배도 아니하였고 하룻밤에 났다가 하룻밤에 말라 버린 이 박넝쿨을 아꼈거든 하물며 이 큰 성읍 니느웨에는 좌우를 분변하지 못하는 자가 십이만여 명이요 가축도 많이 있나니 내가 어찌 아끼지 아니하겠느냐 하시니라 〈요나 4:10~11〉

너 왜 사니? 그냥 살아요!

25년 이상 목회를 하면서 가장 큰 충격과 마음이 아픈 것은 다음세대들에게 "너 왜 사니?" 물어보면 99%가 그냥 살아요! 먹고 살기 위해 살아요! 태어났으니 살죠. 이렇게 대답을 한다. 인간의 가장 중요한 목적은 하나님을 영화롭게 하고 하나님의 목적에 따라 살아갈 때 행복한 것인데 그런 10대를 살아가는 아이들을 찾아보기가 매우 어렵다. 그러므로 그들의 10대의 삶은 어두움의 권세에 종이 되어서 살아갈 수밖에 없는 것이다. 솔로몬은 어릴 때 왕이 되어서 어려운 상황을 하나님의 지혜를 받아 잘 극복한 왕이었다. 일천번제를 하나님께 드리므로 하나님은 솔로몬에게 지혜와 부요함까지 주셨다. 그 이전에도 그 이후에도 솔로몬처럼 복 받은 왕은 없었다. 나라가 태평성대를 이루고 평안해지니 왕인 솔로몬은 인생을 고민하기 시작 하였다. 가만히 생각해보니 너무나 허무한 것이다. 이제 더 이상 꿈이 없고 도전할 일도 없어진 것이다. 인생무상을 느끼고 그 허전함을 달래기 위해 쾌락의 여행을 떠나는 것이다. 제일먼저 술집에 찾아가서 좋다는 술은 다 마셨다. 마시고 마시고 또 마셨다. 그런데도 마음의 허전함이 사라지지 않고 오히려 더 많은 허무가 밀려오는 것이다.

그 다음으로 솔로몬은 사업을 크게 시작 하였다. 이것저것 많은 사업을 하였다. 남자들은 일을 통하여 사업을 통하여 일정한 만족을 느낀다. 40대 남자들 대부분은 사업과 일이 우선임을 알 수 있다. 처음에는 조금 만족을 주는가 싶더니 사업도 만족을 주지 못했다.

이제는 좋은 위치에 좋은 집을 지었다. 화려하게 집을 짓고 살아 보지만 잠깐은 만족한 것 같았지만 조금 지나니 또 다시 허전한 것이다. 그래서 포도원을 만들고 각종나무를 심었다. 자연은 우리에게 많은 유익을 준다. 열매 맺힌 나무 각종 나무가 있다고 생각해 보라. 얼마나 평화롭고 행복한가. 그러나 이것도 내가 사는 목적이 분명할 때 행복한 것이다. 그 나무도 포도원도 허전한 솔로몬의 마음을 해결해 주지 못하였다. 그 다음으로 소와 양떼를 많이 길러 보았다. 짐승을 통해서도 허무한 마음이 사라지지 않는 것이다. 얼마나 괴롭고 힘들겠는가.

지금 우리 가까이에 이런 사람들이 많이 있다. 나중에는 은과 금 보배를 많이 모았다. 소문난 보배는 다 모았다. 이런 사람도 많이들 볼 수 있다. 보화가 영혼의 허전함을 해결해주지 못하였다.

나중에는 노래하는 사람들을 모아서 왕궁 안에 밴드를 만들어서 온종일 노래를 불러보았다. 노래가 아무리 좋은 것이라고 해도 진정한 만족을 주지 못했다. 마지막으로 많은 첩을 두어서 만족을 누리려고 했다. 그것도 허사였다. 왕으로서 가진 권력으로 모든 것을 다해보았지만 허무한 인생을 해결할 길이 없었다. 그가 마지막 찾은 것이 바로 자신이 왜 왕이 된 것인지 목적을 발견 한 것이다. 그리고 이렇게 자기를 소개 한다. 예루살렘의 왕 전도자 솔로몬이라고 소개 한다. 자신의 삶의 목적이 전도임을 발견 하였다. 그리고 허전한 마음이 사라지고 하나님으로부터 만족한 마음 행복한 마음을 얻었다. 그 간증을 기록한 책이 전도서이다.

안타깝게도 솔로몬은 젊은 시절 사단에게 속아서 많은 시간을 허무하게 살아갔다. 지금도 대부분의 10대들이 사는 목적을 발견하지 못하였다. 그러므로 그들의 마음에 허전함이 있을 것이다. 그것을 술과 담배 게임이라는 중독에 빠져 10대를 보낸다.

사단의 전략이다. 10대에 삶의 목적을 발견한 학생들은 공부1등 성품1등 전도1등의 기름부음을 받는 것을 보았다. 사단은 그냥 살게 한다. 의미 없이 살게 한다.

사단에게 삶의 목적을 도둑맞는 우리 자녀들을 살려내야 한다.

요셉은 10대에 사는 목적이 분명하였다. 그러므로 그 어떤 상황 속에서도 하나님과 함께 하므로 형통한 삶이 되었다. 그에게 고난은 축복의 통로요 형통한길이었다. 이것이 사는 목적이 분명한 사람의 삶이다. 나는 다음세대에게 사는 목적을 가르치는 운동을 하고 있다. 벌써 8년이 넘어가고 있다. 수많은 학생들이 하나님을 믿고 살았지만 목적이 분명하지 못하여서 능력 없는 삶, 방황하는 삶을 사는 것을 너무나 많이 보았다. 그러나 감사하게도 하나님은 나를 만나고 수련회를 참석한 학생들이 목적을 발견하고 리더로 변화된 것을 너무나 많이 보았다. 그때마다 하나님께 감사한다. 너무나 보람 있는 사역을 주신 하나님께 늘 영광 돌리고 있다.

이르시되 여호와께서 이르시기를 내가 나를 가리켜 맹세하노니 네가 이같이 행하여 네 아들 네 독자도 아끼지 아니하였은즉 내가 네게 큰 복을 주고 네 씨가 크게 번성하여 하늘의 별과 같고 바닷가의 모래와 같게 하리니 네 씨가 그 대적의 성문을 차지하리라 또 네 씨로 말미암아 천하 만민이 복을 받으리니 이는 네가 나의 말을 준행하였음이니라 하셨다 하니라 〈창세기22:16~18〉

간절히 힘을 기도만하면 잃고 쓰러지는 아이

기도는 크리스천들에게 주신 하나님의 선물이다.

기도를 통하여 하나님과 깊은 교제를 하게 된다. 그래서 기도를 하나님과 대화라고 한다. 그리고 기도를 통하여 우리의 필요를 하나님께 구하여 얻는다. 성경에 얻지 못함은 구하지 아니함이라고 하였다(약4:2) 기도가 얼마나 중요한 것인가. 마가복음 9장에 어릴 때부터 벙어리 되게 한 귀신을 쫓아내어 주었다. 제자들은 쫓아내지 못하였다. 한 제자가 조용히 찾아와서 질문하기를 우리는 왜 못하였습니까? 어떻게 하면 주님처럼 할 수 있습니까? 라고 물었다. 그때 주님은 기도 외에 이런 유가 없느니라(막9:29)고 말씀하였다. 기도는 영적전쟁에 강력한 무기라는 것이다. 이 사실을 귀신들은 잘 알고 있다. 그러기에 기도를 하지 못하도록 막는 것이다. 크리스천 학생들

대부분이 하루에 기도를 5분 이상 하지 않는다. 학생들만 그런 것이 아니라 크리스천 5%만이 하루에 10분 이상 기도한다는 것이다. 나머지 90%는 기도생활을 하지 않고 살아간다는 것이다. 나는 하루에 1시간 기도운동을 하고 있다. 10대 때부터 기도의 체질이 되어 하루에 1시간을 기도하면 다니엘처럼 요셉처럼 지도자로 쓰임 받게 된다.

나의 제자 한명은 지금은 기도도 잘하고 전도도 잘하고 공부도 잘하는 리더이다. 얼마 전 까지만 하여도 수련회에 참석하여 저녁기도 시간에 기도만 하면 정신을 잃고 쓰러지는 것이다. 나중에 물어보니 큰 힘이 자기를 누른다는 것이다. 기도에 깊이 들어가면 그 증세가 나타난다는 것이다. 그 아이 때문에 항상 모두가 비상이었다.

나는 그 모습을 보면서 마음이 많이 안타까웠다. 이 아이는 가정에서 혼자 예수님을 믿는 아이다. 초등학교 때부터 교회 나와서 열심히 믿음생활을 잘하고 있다.

우리가 모르는 내면의 상태가 있는 것이다. 특히 할머니가 항상 불공을 드리면서 빌고 있다. 부모들도 신앙의 자유를 주지 않고 억압한다. 수련회 한번 가기가 얼마나 영적싸움인지 모른다. 귀신에게 기도할때마다 누르니 인격도 공부도 꼴등이었다. 교회서는 잘 몰랐는데 학교가면 욕을 잘했다는 것이다. 공부는 중학교 졸업당시 꼴등에 가까운 성적 이었다. 하나님은 이 아이를 불쌍히 여기고 은혜를 주셨다. 1년 전 수련회를 참석하면서 꼭 은혜를 받고 그 문제를 해결 받고 싶다는 간절함이 있었는데 최근 응답을 받은 것이다. 기도하면 눌리는 증세가 완전히 사라진 것이다. 말씀의 은혜가 영혼을 파고들어오므로 이길 수 있었다는 것이다.

이제는 기도하여도 쓰러지지 않는다. 그 후에 공부가 완전히 달라졌다. 고등학교 올라가서 1등급이 5과목 이상 나왔다. 공부가 재미있고 쉬워졌다는 것이다. 하나님의 형상이 완전히 회복된 것이다. 전도도 많이 하였다. 이제는 욕도 하지 않는다. 진정한 크리스천이 되었다. 능력 있는 크리스천이 되었다.

마귀는 기도하는 것을 제일 싫어한다. 그러므로 우리자녀들이 기도 체질이 되지 못하도록 다른 것에 중독 되게 한다. 10대들을 기도에 중독되게 하여야한다. 나는 20대에 예수님 믿고 매일 밤 교회에서 철야하면서 기도를 하였다. 어느 날 기도의 체질이 되었다. 그 후 하나님은 나를 사용하셨다.

다니엘은 위기 앞에서도 기도하면 더 큰 위기가 오는 것을 아는데도 여전히 하루 세 번씩 기도를 하였다고 한다.(단6:10) 이것은 어릴 때부터 체질이 되었기에 가능 하다. 영적 싸움의 가장 큰 무기인 기도를 잘 사용 하도록 가르쳐야 한다. 이것이 부모들의 중요한 사명이다. 지금부터 기도를 점검하여 기도체질인 자녀를 만들자.

나를 사랑하고 내 계명을 지키는 자에게는 천 대까지 은혜를 베푸느니라 〈출애굽기20:6〉

이성 문제로 청소년부를 공격하는 귀신

10대의 가장 아름다움은 사춘기를 거치면서 이성에 눈을 뜨는 것이다. 이것은 창조주이신 하나님이 인간에게 주신 아름다운 선물이다. 대부분의 어른들은 첫사랑을 10대에 경험하게 된다. 짝사랑도 많이 경험한다. 세월이 흘러 나이가 많이 들어도 10대의 그 추억을 잊지 못하고 그리워하게 된다. 바로 이러한 하나님의 축복을 마귀는 이용하는 것이다.

선악과를 먹지 않았으면 아담과 하와가 에덴동산에서 행복하게 살수 이었는데 마귀의 유혹에 넘어가서 욕심이 들어가 결국 선악과를 먹고 만다.

선악과는 하나님이 인간에게 아름다운 삶을 살게 하기위한 축복이지 인간에게 유혹하고 고통을 주기위한 것이 아니었다.

10대에 이성의 눈을 뜨고 마음이 설레는 것은 좋은 것이다. 그러나 이것이 교회 안에 청소년부를, 대학부를 무너뜨릴 때가 너무나 많다. 한국에서 청년부가 가장 많이 모인다는 교회는 대학 4학년 졸업반이 되고 남자는 군대를 갔다 와야 이성과의 교제를 허락하고 있다. 보기에 따라서는 이해할 수 없는, 지금 이 사회에서 일어날 수 없는 모습들이다. 그러나 다른 면에서 보면 이해할 수도 있다. 교회는 예수님 믿고 자신을 변화시키기 위하여 오는 것인데 목적이 이성을 만나기 위하여 온다면 문제가 발생 하는 것이다. 그것 때문에 규약을 만들었을 것이다. 나는 10대에는 이성을 친구로만 사귀게 교육한다. 꼭 사귀려면 고등학교를 졸업하고 20살이 되어서 사귀라고 한다. 그 이유는 이성을 사귀고 교제하면 공부에 악영향이 온다는 것이 증명 되었다. 공부와 이성 만남 두 가지를 다 성공 할 수 없다는 것이다. 10대 때는 많은 이성을 친구로 사귀고 교제 하는 인간관계 폭을 넓히는 것이 좋다. 교회 학생부가 부흥만 하면 꼭 마귀는 이성문제로 부흥을 무너뜨리는 것을 너무나 많이 보아왔다. 한 여고생이 화장실에서 아이를 출산한 사건이 기사화 되면서 사회의 문제가 됐다. 여고생은 아무도 모르게 감쪽같이 모두를 속인 것이다. 한순간의 실수로 인생의 큰 고통이 찾아 온 것이다. 언제 어디서 그랬는지 경찰에서 조사해 보니 교회에서 그랬다는 것이다. 나는 그 기사를 보고 너무나 충격이었다. 그리고 내가 잘 아는 교회에서도 방송실에서 고등학생들이 성관계를 갖고 임신 하여서 교회가 발칵 뒤집히고 목사님까지 경찰서에 불려가 조사를 받고 결국 그들은 교회를 떠나고 교회는 큰 상처를 받게 되었다. 나는 이모든 것이 사단의 장난이라고 생각한다. 10대의 아름다운 이성의 눈을 여는 사춘기를 잘못된 이성에 눈을 열게 하여서 우리의 자녀들을 타락 시킨다. 내가 좋아하는 감정이 생기는 사람을 보아도 때를 따라 숨기고 사는 것도 미덕인데 귀신은 자신의 모든 감정을 드러내게 한다. 상대방을 생각지도 않는다. 우리교회는 학생부 이성문제 특별기도 팀이 있다. 이것은 전쟁이다.

지금은 대학생이 되어서 열심히 공부하는 청년에게 물었다. 학생부 때 1년 동안 남자 친구를 사귄 것이 얼마나 많은 손해와 아픔을 느끼냐고 물으면 생각을 하고 싶지 않다고 한다. 그만큼 큰 손해를 보았다. 공부가 안되므로 성적이 바닥을 치고 원하는 대학을 들어가지 못했다. 지금 다시금 공부에 발버둥 치고 있다. 나는 이러한 많은 경험을 통하여 귀신은 아름다운 이성을 교회 부흥을 막고 아이들에게 상처를 주는 방편으로 사용 하는 것을 보게 된다.

고등학교 3학년인 커플이 이었다. 부모들의 허락이 있었기에 그냥 내버려 두었다. 결국 대학가면서 헤어졌다. 그리고 한 명은 교회를 나오지 않는다.

아무에게 말은 하지 않았지만 안타까웠다. 그들이 손해를 보고 가슴아파하는 모습을 보면서 누가 뭐라고 해도 교회 안에서 10대들의 이성문제를 기도하고 잘 지도해야겠다고 생각한다. 마귀는 10대에 평범한 아이들로 우리 자녀들을 자라게 한다. 그러나 하나님은 글로벌 리더로 키우고자 하신다. 글로벌리더는 10대에 절제하고 희생하고 준비하는 자세를 가르쳐야 나온다.

10대의 아름다운 이성을 사용하여 교회에 큰 상처를 주는 귀신의 공격을 이겨내고 1%의 리더들을 키워 내야 한다. 학생부 부흥과 자녀 공부에 가장 중요한 핵심 포인트다. 우리 모두 기도해야 한다. 그들을 지켜야 한다.

그러므로 내가 첫째로 권하노니 모든 사람을 위하여 간구와 기도와 도고와 감사를 하되 임금들과 높은 지위에 있는 모든 사람을 위하여 하라 이는 우리가 모든 경건과 단정함으로 고요하고 평안한 생활을 하려 함이라 〈디모데전서2:1~2〉

리더들의 신앙간증

목양청소년 수련회에서 은혜받은 리더들

아빠가 얼마나 힘드셨을까

꿈대로되는교회 _김예은

목양 컨퍼런스에 사람 구경(?)가다

목양을 만난 후 저의 삶에는 매우 큰 변화가 생겼습니다. 제가 목양을 제일 처음 만났을 때가 중2 겨울이었습니다. 목사님께서 예환꿈교회에서 하는 목양컨퍼런스에 가자고 하셔서 저는 '다른 교회에서 하는 집회랑 비슷하겠지 사람구경이나 하고 오자' 라는 마음으로 목사님을 따라 가게 되었습니다. 하지만 그곳에 도착하였을 때 이전에는 전혀 보지 못했던 광경을 보게 되었습니다. 나와 나이가 비슷한 친구들, 그리고 나보다 훨씬 어려보이는 친구들이 손을 들고 전심으로 찬양하며 눈물을 흘리며 기도하고 심지어 어린 친구들이 방언하며 기도하는 모습들을 보았습니다.

저는 그 장면이 너무나 신기해서 눈을 뜨고 그 친구들을 구경했고 컨퍼런스를 하는 3일 내내 그 친구들을 더 보기위해 목사님을 따라 컨퍼런스 집회에 참여하였습니다. 그런데 계속 그 친구들의 모습을 보다보니 갑자기 너무 부럽다는 마음이 생기기 시작했습니다.

저는 목사님의 딸입니다. 하지만 어릴때부터 그냥 아빠가 목사님이시니까 교회에 다녀야 한다는 생각으로 다니다 보니 교회는 그냥 형식적인 공간이 되어버렸고 찬양하고 기도하는 것은 당연히 어른들이 하는 것이라고 생각하게 되었습니다. 그런 저의 눈에 기도하는 친구들의 모습을 보니 갑자기 제 자신이 너무 초라해지고 나도 저 친구들처럼 기도해보고 싶다는 마음이 들었습니다. 하지만 기도할 용기가 나지 않아 가만히 그 친구들을 쳐다보고 있었고 그렇게 컨퍼런스는 끝이 났습니다.

주여 1000번 하다가

컨퍼런스가 저에게는 매우 인상적인 경험이 되었고 저는 그 장면을 다시한번 경험하고 싶어 목사님과 함께 목양 청소년수련회에 가게 되었습니다. 처음 실촌 수양관에 들어섰을 때 전 맨 뒷자리에 서서 찬양시간 땐 찬양 부르고 예배시간엔 앉아서 그냥 다른 때와 같이 설교를 한 귀로 듣고 한 귀로 흘리듯이 듣고 있었습니다. 그렇게 수련회를 보내다가 저녁 기도시간이 되었고 목사님께서 주여 1000번을 외치자고 하셨습니다. 그

순간 제 마음속에 용기가 생기며 '나도 한번 해보자' 하는 마음으로 주여를 외치기 시작하였고 주여를 600번 정도 외쳤을 때 갑자기 눈물이 흐르며 옛날의 방황했던 기억들이 제 머릿속을 스쳐지나가는 것이었습니다. 저는 그날 제 인생 처음으로 예수님의 사랑을 깨닫게 되었고 모든 것을 회개하고 다시 살아보자는 마음을 가지게 되었으며 그날이 제 인생의 전환점이 되었습니다.

목양을 몰랐더라면ㅠㅠ ...이제 난 전도왕 ㅎㅎ

그리고 수련회를 갔다 온 후 목양을 하며 저의 인생은 예전과는 다르게 180도 바뀐 삶이 되었습니다. 목양을 몰랐더라면 절대 상상할 수도 없었던 변화된 저의 모습을 이제 말하고자 합니다.

먼저 전도의 변화에 대해 말하면 제가 목양을 몰랐을 때는 그냥 어른들에게 칭찬받고 싶어서 친구를 교회에 데려왔습니다. 하지만 정착하는 친구는 거의 없었고 교회에 와도 그냥 심심해서 친구들과 놀려고 가끔 오는 친구들 정도였습니다. 그리고 나이가 들면서 전도하는 것이 부끄러워서 전도를 아예 포기하게 되었습니다.

하지만 목양을 하게 되고 다시 전도해야겠다는 마음이 생겼고 친구들을 전도하기 시작했습니다. 그런데 전도는 생각보다 쉽지 않았습니다. 학원, 집안사정, 부모님의 반대 등으로 친구들은 교회에 갈 수 없다고 하였고 저는 전도를 포기하려는 생각도 하였습니다. 하지만 정신을 차리고 기도를 하였습니다. "하나님 친구들을 전도하고 제자 삼게 해주세요. 저와 함께 기도하며 전도하는 믿음의 동역자를 저에게 붙여주세요." 집안 사정도 항상 기도하였습니다.

"우리 교회 가볼래?"

그렇게 시간이 흐르고 가야고등학교에 입학하였습니다. 새로운 친구들을 전도해야겠다는 생각이 들었습니다. 속으로 "하나님 도와주세요"라고 기도하고 친구에게 "나와 같이 우리 교회 가볼래?"라고 말을 던지자 친구들의 반응은 놀라웠습니다. "그래 나도 교회 가보고 싶었어."라고 대답하며 교회에 오겠다고 하는 것이었습니다. 그렇게 3명을 전도하므로 하나님의 놀라운 능력, 되게 하시는 은혜를 체험하게 되었습니다. 그 후 저는 새로 만나는 친구들을 전도하려고 노력했으며 가야고등학고 1, 2학년을 보내는 동안 15명의 친구들을 전도하게 되었습니다. 하지만 정말 놀라운 점은 제가 기도했었던 믿음의 동역자를 하나님께서 저에게 붙여 주셨다는 것입니다. 제가 전도한 친구 중에 한명이 꾸준히 교회를 다니며 예배을 참석했습니다. 저는 그 친구의 모습이 예쁘고 고마워서 항상 그 친구를 위하여 얼른 참된 예수님을 만나서 목양의 영성을 가진 우리 목양리더로 세워 달라고 기도하였습니다.

하나님 만나게 해줘서 고마워

어느날 목사님께서 영상물 하나를 보여 주셨는데 하나님은 어서 빨리 우리가 하나님의 품으로 돌아오기를 원한다는 내용과 어떠한 환경에서도 하나님은 우리를 사랑하신다는 내용이 담긴 영상이었습니다. 영상물을 다 보고 기도시간이 되었는데 제가 항상 기도했던 그 친구가 울고 기도하는 것이었습니다. 그리고 저에게 "예은아 내가 하나님을 만나게 해줘서 고마워."라고 저에게 말하는데 저는 정말 놀랍고 믿을 수가 없었습니다. 이 친구는 집안의 부모님께서 교회 다니는 것을 반대하였기 때문에 부모님 몰래 교회에 오고 있어서 목양수련회를 참석하지 못하였습니다. 그래서 저는 이 친구가 변화되려면 시간이 오래 걸리겠구나 라고 생각했는데 예상치 못하게 친구는 믿음을 가지게 되었고 함께 기도하게 되었습니다. 그러던 중 친구의 부모님께서 교회 가는 것을 허락하셨고 함께 수련회에 참석하게 되었습니다. 그리고 많은 은혜를 받았고 지금은 둘도 없는 믿음의 동역자가 되어 함께 기도하며 전도하였고 저는 저를 통해 한 명을 변화할 수 있게 해주신 하나님께 정말 감사했습니다.

아버지가 전도사님인 친구

그리고 또 한명의 친구를 만나게 되었는데 아버지가 전도사님인 친구였습니다. 하지만 교회에 제대로 다니지 않고 아버지와는 사이가 정말 안 좋고 방황하는 모습이었습니다. 저는 그런 친구를 위해 기도하였고 전도하였습니다. 그리고 그 친구와 함께 목양 수련회에 가게 되었습니다. 친구는 예배 시간에 계속 거울을 보고 딴 짓을 하였고 저는 그 모습을 보고 친구의 방황을 끊어 달라고 기도하였습니다. 하나님께서는 정말 구하면 이루어 주시는 분이셨습니다. 그 친구가 눈물을 흘리며 기도하기 시작하였고 아주 간절해 보였습니다. 그렇게 또 한명의 친구가 인생의 목적을 깨닫고 방황을 끝내게 되었습니다. 그리고 아버지와의 관계도 회복되었고 저와 목양하는 동역자가 되었습니다. 이렇게 저의 전도를 통해 변화된 친구들의 모습을 보았습니다

아빠가 목사님이라 부끄러워(?)

제게 있어 가장 큰 성품의 변화는 목사님을 존경하게 된 것입니다. 저는 목사님의 딸이기 때문에 목사님의 모든 일상생활들을 보며 자랐습니다. 당연히 목사님의 인간적인 모습을 많이 보았기 때문에 교회에서도 그냥 아빠라고 생각하였고 그렇기 때문에 목사님을 쉽게 보고 교회도 쉬운 존재로 보게 되었습니다. 그리고 친구들이나 선생님이 아버지의 직업이 무엇이냐고 물을 때마다 목사님이라고 대답하는 것이 정말 부끄러웠습니다. 그래서 왜 아빠는 목사님이 된거냐고 아빠가 안 계시는 곳에서는 아빠를 원망하였습니다. 그리고 목사님 딸이니

까 나보고 무조건 양보하라는 것이 정말 싫어서 하나님께 "왜 나를 목사님 딸로 태어나게 했냐"고 원망도 많이 하였습니다. 그렇게 방황하는 시간을 보내며 예배시간에는 제가 친구들보다 더 떠들고 장난치기를 좋아했고 예배의 소중함과 중요성을 깨닫지 못한 채 그렇게 살아가고 있었습니다.

하지만 목양을 만난 뒤 제가 다닐 수 있다는 교회가 있다는 것 자체에 감사하였고 저의 아빠가 목사님이시라는 사실이 너무나도 행복하게 느껴지고 저에게 있어서는 가장 큰 축복이라는 사실을 깨닫게 되었습니다. 그리고 목양하며 목사님의 마음을 느끼게 되었고 목사님께서 우리들 때문에 얼마나 힘드셨을지를 생각하니 눈물이 쏟아져 나오는 것이었습니다. 그렇게 전 목사님의 믿음의 동역자가 되어야겠다고 다짐을 하였고 목사님을 정말 존경하게 되었습니다. 목사님을 존경하는 마음을 가지고 나니 당연히 교회의 모든 것이 소중하게 느껴졌고 믿음생활도 더욱 열심히 하게 되었습니다.

우리 애가 달라졌어요

그리고 두 번째 성품의 변화는 저의 성격이 완전히 달라진 것입니다. 목양을 만나기 전에는 항상 열등감을 가지고 있었고 정말 내성적이어서 친구에게 말 한마디 잘 걸지 못하였고 다른 사람을 이끌지 못하고 이끌려 다니는 사람이었습니다. 하지만 목양을 만난 뒤 옛날의 저의 모습은 어디 갔는지 찾아

볼 수도 없을 만큼 저는 달라진 성격을 가지게 되었습니다. 열등감을 버리고 자존감을 가지게 되었으며 정말 밝고 당당해지고 학교동아리 등에서 리더의 역할을 수행하는 사람이 되었습니다. 저도 이런 저의 모습이 정말 신기하고 제 자신에게 당당해 질 수 있다는 것이 무척 뿌듯했습니다. 목양을 하면 이러한 성품의 변화도 눈에 띄게 확실하게 보게 될 수 있습니다.

100등에서 35등 됐다고? 어떻게?

이제 마지막으로 공부의 변화에 대하여 말하겠습니다. 저는 목양을 하게 되면서 정말 큰 성적 향상을 경험하게 되었습니다. 고등학교에 들어갔을 때 저는 비교적 좋은 내신 성적을 받았습니다. 대부분의 주요 과목이 1,2등급을 받았습니다. 하지만 수학이 4등급이었고 모의고사를 쳤는데 100등 안에도 들지 못하는 점수를 받게 되었습니다. 고등학교에서 상위권 학생들을 관리 할 땐 주로 모의고사 성적을 사용하기 때문에 모의고사 점수는 매우 중요했습니다. 하지만 저는 내신 성적만 믿고 그 정도면 되겠지 하는 마음에 공부에 대한 기도를 열심히 하지 않았습니다. 모의고사 점수는 계속 낮은 점수를 유지하였고 수학 성적도 쉽사리 오르지 않았습니다. 그러던 중 목양수련회에 갔을 때 목사님께서 목양제자는 공부도 1등을 해야 한다고 하셨고 공부를 두고 기도를 해야 한다는 말씀을 하셨습니다. 그 때 저는 공부를 두고 하루 한 시간 기도해야겠다는 마음을 가졌고 고2 3월 모의고사를 두고 기도하기 시작했습니다. 그리고 3월 모의고사를 쳤는데 100등 안에 들지 못했던 제가 35등 안에 들게 된 것입니다. 그 후로 모의고사 점수는 항상 좋은 점수로 유지되었고 모의고사 상위권 학생들을 관리하는 체제인 정독반이라는 곳에서 공부하게 되었습니다. 그리고 내신 성적 중 가장 약했던 수학과목이 40점에서 80점 이상으로 올라 2등급을 받게 되었습니다. 그리고 시험치기 전에 기도를 하고 치니 찍은 것도 맞게 되더라구요.

1, 2등급 받은 비결은?

그리고 또 하나 제가 경험한 것은 성경의 힘 이었습니다. 제가 평소 성경읽기를 정말 게을리 해서 주일날 잠깐 보고 마는 게 성경이었습니다. 하지만 고등학교 2학년 2학기에 들어오면서 공부하기 전에 성경을 하루 5장씩 읽기 시작하였습니다. 그리고 2학기 모든 시험을 다 치고 1학기와 성적표를 비교해보니 성적이 눈에 띄게 많이 향상 되었습니다. 3등급 받던 영어, 과학 과목이 1,2등급으로 올랐고 국어 관련 교과는 항상 1,2등급을 받게 되었습니다. 그리고 성적이 오르니 절 모르던 선생님들께서도 저에게 관심을 가지며 저의 이름을 외우시는 선생님들이 점점 늘어갔습니다. 이렇게 예전에는 선생님들과 전혀 관계를 맺지 못했던 제가 선생님들과의 관계 회복이 되었습니다.

목양을 한 뒤 저는 이렇게나 많은 변화를 겪었으며 앞으로도 더 많은 변화를 겪기 위해 열심히 기도하며 목양하고 있습니다. 부족한 저지만 하나님께서는 저를 세계적인 리더로 세워 주신 다는것을 믿으며 더 열심히 목양하며 나아가겠습니다.

세계정복 목양제자!!!

또 가라사대 너희는 온 천하에 다니며 만민에게 복음을 전파하라.
〈마가복음16:15〉

바보 소년(?) 천재되다

인천 예광교회 _류종호

영광스러운 출생

저는 인천 예광교회를 담임하시는 류광규 목사님의 둘째아들 류종호입니다. 저는 목사님 아들로 태어나서 16살까지 모든 예배를 참석하며 공부는 중간정도하고 사고치는 일 없이 평범하게 살아왔습니다. 부모님은 교회 사역 때문에 바쁘셔서 우리 형제에게 밥 챙겨줄 시간도 없이 바쁘셨습니다. 부모님께는 저를 놓고 기도하시다가 필리핀에 유학보내기로 결정하셨고 저도 세계적인 목사가 되겠다는 목표를 가지고 필리핀으로 가게 되었습니다.

하나님을 찾는 집!! 안 찾는 집(?)

제가 살던 집은 부부 집사님 가정이었습니다. 집사님은 하숙생들을 가족같이 잘 대해주시고 매일 저희들을 위해 무릎 꿇고 기도하셨습니다. 매일 저녁 가정예배를 드리고 새벽기도 도 매일 드렸습니다. 그렇게 1년 6개월을 살았는데 집사님의 개인적인 사정으로 하숙집을 그만두게 되셨습니다. 하숙생들 은 2명씩 3명씩 여러 집들로 뿔뿔이 흩어졌습니다. 그 뒤로 저 의 삶은 크게 변하게 되었습니다.

새로 살게 된 집은 교회를 취미로 다니던 집 이었습니다. 그 러다보니 주일 오후예배를 처음으로 빼먹게 되었고 수요일이 나 금요일에도 점점 교회를 가지 않게 되었습니다. 학교생활 에도 문제가 생겼습니다. 매일 늦게까지 놀다가 새벽에 자고 학교 가서는 수업시간 내내 잠만 잤습니다. 일주일의 반은 학 교를 안 갔습니다. 학교 가서도 수업 중에 무단이탈을 하기 일 쑤였습니다. 학업이 완전히 무너졌습니다.

아들 새벽에 어디가?

또 제 삶은 어긋나기 시작했습니다. 친구를 따라 담배를 피 우게 되었고 술도 마시게 되었습니다. 저는 평생 담배를 피우 지 않고 술을 먹지 않는 나실인으로 살겠다고 뜻을 정하고 살 아왔지만 모든 것들은 한순간에 무너지고 말았습니다. 필리핀 에서 목사님 자녀들을 여럿 만났지만 그들은 모두 저와 같거 나 저보다 더 방황하는 삶을 살고 있었습니다.

필리핀에 온 목적을 모두 잃어버리고 하루하루 방황하며 무의미하게 살고 있었습니다. 부모님께 전화를 해서 다시 한국으로 돌아가고 싶다고 떼를 썼습니다. 한국으로 돌아가서 다시 정상적인 삶을 살고 싶었습니다. 하지만 한국에 오자 상황은 더욱 악화되었습니다. 주민등록증을 위조해서 담배를 사고 새벽에 부모님 주무실 때 몰래나가서 새벽까지 술을 마셨습니다. 혹시 동네에서 집사님이나 교회 사람들을 만날까봐 다른 동네로 가서 놀았습니다. 목사님 아들로서 하나님의 자녀로서 이렇게 살면 안 된다고 생각했지만 유혹을 이기지 못했고 마귀에게 이기지 못했습니다. 밖에 나가서는 세상 사람들과 다를 것 없이 행동하면서 교회에서는 경건한 척을 하는 저를 발견하게 되었습니다.

큰 충격!! 큰 감동!!

2009년 11월 부모님의 강한 권유로 부산 예환꿈교회로 집중 훈련을 가게 되었습니다. 말씀을 듣는 중에 큰 충격과 감동을 받았습니다. 한성택 목사님을 만나기 전에는 하나님의 영광을 위해 산다는 추상적인 목적을 가지고 살아왔는데 하나님의 영광이 전도하고 제자 삼는 것이라는 것을 18년 만에 처음으로 알게 되었습니다. 삶의 목적을 발견하고 저의 죄를 회개하고 죽어가는 나를 살려달라고 기도했습니다. 다시 인천으로 돌아왔을 때 어머니께서 전도하러 가자고 했는데 순종하지 않고 목양 안하려고 일주일동안 친구네 집으로 도망을 갔었습니다. 은혜는 받았지만 목양을 안 하니 다시 은혜가 떨어지고 여전히 타락한 생활을 했습니다.

울고 또 울고

이런 제 삶이 수련회를 통해 변화되었습니다. 5박6일의 2010년 겨울 청소년수련회 기간 동안 엄청난 은혜를 받았습니다. 강의 시간마다 말씀을 들으며 울었고 뜨거운 찬양과 기도를 드렸습니다. 제 모든 죄를 고백하며 용서해달라고 울며 기도했습니다. 하나님께서는 저를 용서해주시고 세계적인 리더라고 가슴에 뜨거운 감동을 주셨습니다. 또 삶의 목적을 몰라 방황하는 청소년들을 살리라는 감동과 함께 하나님의 한이 들어왔습니다. 전 하나님께 세상의 유혹을 이길 수 있는 힘을 달라고 기도 했습니다. 그렇게 1, 2차 양수리에서 수련회가 끝났습니다.

비가 오나 눈이 오나

은혜를 사모하며 광주로 3차 수련회를 갔습니다. 그렇게 수련회를 마침과 동시에 술과 담배가 끊어지게 되었습니다. 인천으로 다시 돌아와서 하루에 한 시간씩 기도하기 시작했습니다. 기도시간이 너무 기다려졌고 1시간이 너무 빨리 간다고 느낄 정도로 기도가 재미있었습니다. 또 매일 1시간씩 길에서 전도하기 시작했습니다. 날씨가 추워서 손이 트고 귀가 얼었지만 다음세대를 향한 하나님의 마음을 가지고 미친 듯이 전도했습니다. 처음에는 모르는 사람에게 전도하기가 두려웠지만 아버지께 기도를 받고 또 찬양과 기도를 하고 하나님만 의지하면서 전도 했습니다.

2주를 같은 시간 같은 장소에서 전도했는데 하나님께서 저에게 한주에 8명의 영혼을 보내주셨습니다. 그렇게 비가 오나 눈이 오나 4개월을 전도했습니다. 목양을 시작하고 1년, 지금 저의 반 제적은 40명이 되었고 4주 양육을 마친 2명의 리더가 저를 돕고 있습니다. 그 중에 한명은 부모님을 전도하여서 우리교회에 다음세대를 통한 부모전도의 첫 번째 모델이 되었고 리더철야에 참여하면서 교회에 없어서는 안 될 리더로 크고 있습니다.

내가 공부의 신(?)

대학교를 다니는 동안 한성택 목사님의 공부 완전정복 세미나 CD를 매일 들으며 공부했고 매일 아버지께 안수기도를 받으며 장학금을 목표로 기도했습니다. 거울을 보며 "난 세계적인 리더다!" "장학금은 내꺼다" "공부가 쉽다"라고 고백했습니다. 공부는 내가 해야 한다고 생각했고 공부를 하나님께서 도와주신다는 생각은 하지 않았는데 한 목사님의 공부설교를 듣고 하나님께서 나의 공부에 관심이 있으시다는 것을 알게 되었습니다. 하나님과의 관계가 회복되고 나 자신이 세계적인 리더임을 발견 하고나니 모든 일에 긍정적이고 포기하지 않는 끈기가 생겼습니다. 그렇게 공부해서 장학금을 받게 되었습니다. 또 하나님께서 저에게 더 큰 비전을 주셔서 현재는 연세대학교 재도전을 목표로 공부하고 있습니다.

모든 영광을 하나님께

하나님께서 저의 삶을 이렇게 바꾸어 주셨습니다. 방황하는 저를 살려주시고 또 과거의 저와 같은 삶을 사는 다음세대를 향한 뜨거운 가슴을 주셨습니다. 제가 방황할 때 저를 위해 매일 울면서 기도해주신 부모님께 감사드리고 목양을 알게 해주신 한성택 목사님께 감사드립니다. 하나님께서 맡겨 주신 인천 서구지역에 죽어가는 다음세대를 살리도록 하겠습니다. 하나님께 영광을 올려드립니다.

그런즉 너희 먹든지 마시든지 무엇을 하든지 다 하나님의 영광을 위하여 하라.〈고린도전서 10:31〉

느그 들낼 얼마씩 들고 온나

포항소망교회 _박세찬

안녕하세요. 저는 세계적인교회 포항소망교회에 고등부 부회장을 맡고 있는 박세찬이라고 합니다.

먼저 이렇게 간증을 할 수 있게 도와주신 하나님께 감사드립니다. 제가 이렇게 간증하게 된 이유는 제가 살아온 인생은 이제 16년이 되지만 참 많은 것을 겪은 것 같습니다. 물론 저보다 많은 것을 경험한 청소년들도 있겠지만 저는 목양을 만나 변화된 이야기를 하고자 합니다.

초등 5학년 짱(?)

먼저 저는 모태신앙으로 포항에서 태어났고요 제가 태어나기 전에는 저희 아버지가 교회를 다니지 않으셨고 저희 어머니는 교회를 다니셨지만 그렇게 신앙이 깊지 않으셨습니다. 그렇게 전 교회 속에서 교회가 놀이터인줄알고 점점 커갔습니다. 초등학교 4학년 때 부터 교회에서 교회 형들과 놀다보니 나이에 맞지 않는 욕들과 이상한 지식을 알고 있는 저는 학교에서 인기가 참 좋았습니다.

저의 방황은 5학년 때 부터 시작되었습니다. 초등학교 5학년 때 저는 학교에서 짱 노릇을 하고 있었습니다. 지금 생각하면 정말 부끄러운 일이지만 그땐 그게 정말 멋있어 보였어요. 그래서 5학년 때부터 친구들에게 정말 나쁜 짓을 많이 했습니다. 친구들에게 "내일 얼마 씩 들고 와라"라고 말하기도 했고 제 말을 안 들으면 야구방망이로 패기도하고 그렇게 1년을 지냈었습니다.

짱은 괴로워

하지만 나쁜 짓을 하면 그대로 돌아온다는 말이 정말 맞는 것 같습니다. 전 6학년 때 친구들에게 왕따를 당하기 시작했습니다. 학교 짱 이라고 설치고 다녔던 저는 한순간에 왕따가 되었죠. 그리고 중학생이되어 다시 친구들과 어울리게 되면서 이제 점점 나쁜 짓을 더 많이 하고 있었습니다. 5학년 때 잠깐 걸 담배로 하던 담배를 중학교에 들어와서 다시 시작하게 되었고, 술도 마셔보고 점점 제가 대단해 져 가는 것 같았습니다. 그러면서 교회 신앙생활과는 거리가 멀어지고 성적이 점점 떨어졌습니다. 초등학생 때는 그래도 똑똑하다는 소리를 많이 들어서 시험 치면 전 과목 올백을 맞았고 각종 시험경시대회에 나가서 상장을 정말 많이 받아 왔습니다. 그래서 부모님이 절 정말 믿어주시고 아무 걱정 안하시고 절 자유롭게 놔두시는 가운데 중학교 생활을 계속했어요.

토요 술 양육(?) 주일 술기운 예배

시간이 가면서 친구들과 분위기에 휩쓸려서 담배를 할 때 맛도 없고 목구멍만 아프던 담배가 어느순간 없으면 미칠 것 같고 점점 생활 속에 자리 잡았습니다. 써서 먹기도 싫었던 술에 맛이 들어 자주 먹기 시작했습니다. 술에 관하면 정말 사건이 많은데요. 저는 항상 술을 먹을 때 주말에 먹었습니다. 하지만 겉으로는 신앙생활을 열심히 해야 했던 저는 술을 먹고 기도회를 가서 기도를 하기도 했고 토요일 날 밤새도록 술을 먹고 술 냄새가 나고 술기운이 남아있던 상태로 주일 아침 예배를 드리기도 했습니다. 그리고 술이 그다지 세지도 않았던 저는 친구들과 바닷가 근처 펜션에서 술을 먹고 잔뜩 취해서 바닷가에 뛰어들어 죽을 뻔 했던 위기도 있었습니다.

짱의 화려한 추락

그렇게 점점 크면서 나쁜 짓 들이 하나 둘 씩 추가가 되었습니다. 한밤중에 인형 뽑기 기계를 돌로 깨서 안에 있던 것을 빼서 가져가기도 하고 저희 포항 시장에 밤에 가서 상점 물건을 훔쳐 오기도 하고 오토바이도 타기 시작했습니다. 오토바이 때문에 경찰서도 몇 번 왔다 갔다 하고 제가 친구를 때려서 병원에 실려 가게 해서 돈도 물어 줘보고 정말 해볼 수 있는 짓은 다 해본 것 같습니다. 그렇게 중학교 2년을 보내고 3학년이 되었을 때도 전 달라 진 게 하나도 없었습니다. 제 성적은 평균 10점 위로 넘어가 본 적이 없었고 담배도 피우던 수보다 더 많이 늘어났고 나쁜 짓이 저에겐 자연스러워져서 일상생활이 돼 버렸죠. 그때까지만 해도 전 제가 지금처럼 변할지 모르고 정말 방황했던 것 같습니다. 그때는 삶의 목적조차 없었고 그저 사람들에게 멋있게 보이기 위해 배운 악기들로 삶을 보내고 있었습니다.

목양이 뭐꼬?

그러던 중 목양 컨퍼런스가 저희 교회에서 한 번 있었던 적이 있었는데 그때 정말 잠깐이나마 진심으로 기도를 해봤고 정말 뜨거웠던 것 같았습니다. 그래서 목양에 대해서 관심을 가지기 시작했고 저희 교회도 교회 전체는 아니지만 유치부와 아동부 아이들을 통합해서 목양을 시작한다고 해서 목양이 뭔지 궁금하기도 했습니다. 그런데 그때 마침 김은겸 목사님과 최애련 사모님께서 저희 교회에 목양을 가르쳐 주시려 오신다고 하셨습니다. 그리고 들리는 소문에 저희 중등부를 목양으로 통합한다고 했습니다. 그때 저는 정말 김은겸 목사님과 최애련 사모님이 싫었습니다. 왜 와서 가만히 있는 교회에 시스템을 바꾸는지 정말 싫었고 사모님과 목사님이 오셨어도 항상 시키는 것은 무조건 반대로 하고 친구들과 뜻을 모아서 절대 목사님과 사모님 말은 듣지 말자고 다짐을 하고 있었습니다.

그러던 중 여름방학이 되고 목사님이 목양 여름수련회가 있다고 하였습니다. 저는 정말 죽어도 가기 싫었고 안 가려고 마음을 먹었지만 주변에서 하도 가라고 해서 갔습니다. 가서 첫째날 한성택 목사님께서 설교하시는데 앞에 나와서 담배와 관련된 것에 질문을 하는 시간을 가지고 있었습니다. 앞에 나오고 싶은 사람은 손을 들라고 했는데 그 순간 저도 모르게 손을 들어서 정신을 차리고 보니 앞에 서 있었습니다. 그때까지만 해도 저희 부모님은 제가 술, 담배를 하는 것을 모르셨고 그 자리에는 저희 어머니와 친한 교회 선생님들과 저를 아는 많은 분들이 계셨습니다. 그렇지만 그 자리에서 그냥 담배를 핀다하고 말하고 끊겠다고 다짐 했습니다. 그렇게 말하고 나니 속은 시원했었지만 그 시간이 끝나고 나와서 바로 산에 올라가서 담배를 피워버렸습니다. 그리고 그날 저녁에 주여 천 번을 하라고 했는데 그때그냥 푹 잤습니다.

끌려가도 은혜주시는 주님

둘째날 저녁까지 양산을 내려와서 걸어서 도망갈 계획을 세우고 있었던 저는 저녁집회에 끌려서 들어갔습니다. 기도하는 시간이 되어서 다시 푹 자려고 하니까 최애련 사모님께서 저를 끌고는 강대상에서 기도를 하고 있는 자리에 무릎 꿇으라고 말씀하셨습니다. 그래서 전 눈을 감고 가만히 있으니까 바로 앞에 최애련 사모님의 딸이 쓰러져 있었습니다. 직접 본적은 없지만 기도를 하다가 쓰러진 다는 것을 말로만 들어봤는데 권사님 장로님 집사님도 아닌 학생이 앞에서 쓰러지니까 전 너무 무서워 졌습니다. 그런데 갑자기 한성택 목사님 이 제 머리카락을 한뭉큼 잡으시더니 막 흔들면서 기도를 하셨습니다. 전 황당해서 뭐하는 짓인가 하면서 가만히 있는데 갑자기 제 몸에 힘이 쭉 빠져 나가는 듯한 기분이 들면서 제가 잠이 드는 듯한 느낌을 받고 잠 들었던 것 같습니다.

그리고 나서 정신을 차려보니 제가 정말 추한 자세로 쓰러져서 하염없이 미친 듯이 울고 있었습니다. 그렇게 울다보니 지난날의 담배피던 모습과 술 먹는 모습, 술 먹고 비틀거리며 교회 기도회에 가던 모습, 친구들을 패면서 즐거워하고 미친 듯이 오토바이를 타던 모습과 모든 잘못했던 모습들이 보이기 시작하면서 갑자기 미친 듯이 울기 시작 했습니다. 제 평생 그렇게 울어본 것도 처음이었고 제 몸에 모든 힘이 빠져나가서 힘이 하나도 없었습니다. 그리고 나서 강단를 내려오니 저 멀리 서 계신 김은겸 목사님이 보였습니다. 왠지 그 품에 안기고 싶어서 목사님에게 다가갔습니다. 목사님과 안고 다시한번 미

친 듯이 울면서 죄송하다고 하니까 목사님이 잘 돌아 왔다고
말씀 해 주셨습니다. 그때 다시 미친 듯이 울음이 나왔습니다.

결단- 넘어짐-집중훈련-세워짐

그렇게 그 수련회를 보내고 포항에 내려와서 "이제는 방황
하지 않고 살겠다."고 다짐을 하면서 저희 중등부 자체에서 겟
세마네 기도회를 시작했습니다. 매일 밤 9시에 본당 강대상에
모여서 나라와, 포항과, 학교와, 교회와, 가정을 위해 1시간씩
기도하며 믿음 생활을 잘해 나가는 듯 했지만 그 전에 사귀던
친구들과 다시 어울리다보니 술, 담배를 다시 시작하게 되었
습니다.

그러던 중 부산에서 목양교사 집중훈련이 있어서 학교를 3
일간 가지 않고 집중훈련에 가서 훈련을 받으면서 "정말 술 담
배를 끊어야겠다"는 마음을 먹고 기도하면서 술 담배를 끊었
습니다. 그리고 다시 포항으로 돌아와서 "이젠 공부도 해야겠
다"는 마음이 들었는데 최애련 사모님께서 학생 공부방을 시
작하셨습니다. 그것을 하는 동안 정말 열심히 했지만 중1 때부
터 공부를 안한 탓에 너무 힘들었습니다. 그렇지만 기도하면
서 노력하고 2학기 첫 중간고사에서 3점을 맞던 일본어가 70
점까지 가고 평균 10점미만 이었던 제가 평균70점 가까이 가
면서 공부에 재미도 붙고 악기도 이젠 남에게 멋지게 보이게
위한 것이 아니라 주님을 찬양하고 주님이 주신 재능을 더욱

더 살리고 싶은 마음에 정말 열심히 하였습니다.

친구와 죽을 힘을 다해

그리고 제 믿음의 동역자이자 정말 사랑하는 친구가 있습니다. 과거에 그 친구도 저와 방황하는 같은 길을 걸으면서 그렇게 보냈었는데 그 친구는 저와 외국 단기선교도 같이 갔다 오고 교회 갈 때도 항상 같이 다녔던 친군데 그 친구가 이번 겨울 수련회를 통해서 은혜받기를 원하는 것 같았습니다. 양수리 한번과 양산 수련회를 갔었는데 양수리에서는 별로 은혜를 받지 못한 것 같았습니다. 그런데 양산에 갔을 때 첫날부터 은혜를 사모하면서 '주여'를 정말 죽을 힘을 다해 했지만 자기는 만족이 되지 않는다면서 그 다음날 저와 같이 정말 죽을 듯이 기도 했습니다. 그 가운데에 그 친구가 쓰러졌습니다. 그래서 전 그 친구를 한참 안고 기도하니까 그 친구도 저와 똑같이 미친 듯이 눈물을 흘렸습니다. 그때 전 정말 주님이 살아 계신다는 것을 다시한번 느꼈습니다.

끝까지 기다려 주신 주님

그리고 이제 고등학교를 가게 되는데 제가 성적이 안 되어서 어쩔 수 없이 포항 학생들이 성적이 안 되어서 가는 실업계를 가게 되었습니다. 하지만 제 꿈은 음악 쪽으로 가서 주님을 찬양 하는 것입니다. 그래서 고등학교를 가고 싶지 않았습니다. 저는 다시한번 주님 앞에 기도하며 시간을 지내다보니 포항예술고등학교로 전학 갈 수 있는 길이 생기고 부모님도 허락하셔서 이제 포항예술고등학교를 갈 준비를 하고 있습니다. 그러고 보니 제 삶을 돌아보면 정말 언제나 주님이 함께 하셨습니다. 친구들과 같이 담배를 피워도 저만 걸리지 않았고 오토바이를 타고 죽을 뻔 했던 위기에서 살려주셨고 정말 집나간 탕자를 기다리는 아버지 같이 저를 기다려주신 주님께 정말 감사드리고 우리 청소년들이 정말 기도할 때에 이뤄지는 능력을 저는 몇 번이고 체험했습니다.

나의 비전 하나님의 비전

앞으로 제 꿈은 음악으로 나아가서 주님을 높여드리는 것이 꿈입니다. 이제 앞으로 정말 기도생활 열심히 하고 열심히 목양하여서 주님께 사랑받는 제자가 될 수 있도록 기도해주세요. 감사합니다.

> 청년이 무엇으로 그의 행실을 깨끗하게 하리이까 주의 말씀만 지킬 따름이니이다 〈시편119:9〉

교회 에 꼭 필요한데 골칫거리인 아이

진량열린교회 _박 윤 혜

찬양단이 찬양을 시작하려고 할 때 반주자가 화를 내며 울어서 찬양단이 찬양을 시작하지 못하는 모습을 본 적이 있습니까?

단 한명 뿐인 반주자 왕짜증(?)

목양을 만나기 전 저는 열린교회에서 꼭 필요하면서도 골칫거리인 아이였습니다. 전 초등학교 5학년 겨울부터 교회에서 단 한명 뿐인 반주자라는 직분을 맡아 봉사하고 있습니다. 하나님의 일을 하면서도 감사한 줄 모르고 저는 이 반주자라는 일을 부담스러워 하기만 했습니다. 교회 어른 분들은 어렸을 때부터 하나님의 일을 하고 있는 제가 기특해 보이셨는지 저를 예뻐 해 주시고 많이 챙겨주셨습니다. 그런 사랑과 관심 속에서 지내면서도 그 사랑을 깨닫지 못하고 하루라도 짜증을 안내면 입 안에 가시가 돋는 사람처럼 온갖 투정과 짜증을 부리면서 지내왔습니다.

그런 성격 덕분에 친구들과도 사이가 썩 좋지 못했습니다. 점점 이것이 심화되면서 제 입에서 나오는 욕은 일상이 되어버렸고 살짝 건드리기만 해도 폭력적으로 변해버리는 제가 되어버리고 말았습니다. 그런 하루하루가 가면 갈수록 제 자신에게 실망감을 느끼며 열등감이 느껴지지 시작했습니다. 그러면서 제 자신에게 화가 나면서 그 화를 이기지 못하여 울고 또 울고 또 울었습니다. 제 기분이 안 좋거나 제 눈이 울어서 퉁퉁 부어있을 때 교회 분들이 제 눈치를 보신다는 것을 느꼈을 때 너무나도 미안하고 죄송하고 제 자신에게 너무 짜증이 나서 눈물이 났었습니다.

오 나의 친구 나의 위로자여

이렇게 변한 저 때문에 친구들과 진실된 사이가 되지 못하고 결국 컴퓨터와 텔레비전이 제 친구가 되어 주었습니다. 컴퓨터와 텔레비전에 중독 된 후로는 일어나자마자 텔레비전을 틀거나 컴퓨터 전원 버튼을 누르는 게 제 하루의 시작이 되었습니다. 소설과 만화책을 빌려와서 날이 새도록 읽는 것은 일상이 되어 결국 학교에 가서는 졸거나 자는 날들이 수두룩했습니다.

중학교 1학년 때만해도 나름대로 하던 공부는 뒷전이 되고 말았습니다. 공부와 담을 쌓기 시작하다가 어느새 100등 밖으로 넘어간 제 등수를 보고선 충격을 받고 공부를 하려고 했지만 스트레스만 쌓일 뿐 성적은 제자리걸음이었습니다. 덕분에 반주는 뒷전이고 주일날도 시험기간만 되면 학원에 갔습니다. 교회에서 예배 한 시간을 드리는 것 보다는 학원에서 한 시간 공부하는 것이 내일 있을 시험에 더 도움이 되고 성적이 올라갈 것 같았기 때문이었습니다. 하기 싫은 공부를 억지로 하면서 부모님이 힘들게 버신 돈이 아까워 공부를 하는 척만 하였습니다.

잦은 싸움 정말 벗어나고 싶다

이것 저것 많은 일들로 언니와 자주 싸워서 부모님이 걱정을 하시게 하는 것은 일도 아니었습니다. 그리고 부모님과 사이가 어색하고 좋지 못하여서 일 때문에 일주일에 한 번 보는 부모님이 집에 오시면 같이 있기보다는 피하기 일쑤였습니다. 할머니에게 정말 많이 대들기도 했습니다.

교회를 싫어하기 시작하면서 교회 선생님들을 욕하고 심지어는 하나님은 존재하지 않으신다고 말하기까지 하였습니다. 정말 죽고 싶다는 생각을 하루에 수십 번씩 하며 지내던 나날들이었습니다.

하지만, 중학교 2학년 여름방학 때 목양을 만나기 시작하면서 전 달라졌습니다. 욕을 하던 제 입에서 욕이 끊기기 시작하더니 이제 더 이상 제 입에서 욕이 나오지 않게 되었습니다. 폭력적이었던 저의 행동도 이젠 더 이상 폭력적이지 않게 되었습니다. 짜증과 화만 내던 전 이젠 화가 나고 짜증이 나더라도 참는 법을 알게 되었습니다. '나는 세계적인 리더니까 참아야 돼.' 라는 생각을 하면서 조금씩 줄여나갔습니다. 그리고 이제 더 이상 열등감을 느끼지 않게 되면서 눈물도 사라졌습니다.

"야 너 정말 성격 많이 변했네"

언니와 싸우는 일도 예전보다 많이 줄어들었습니다. 요즘 옛날부터 저를 알아오던 친구가 제게 이런 말을 한 적이 있었습니다. "윤혜야, 너 정말 성격 많이 변했다." 이런 말들을 들을 때마다 전 하나님의 은혜에 그저 감사 할 따름입니다. 또 밤새도록 컴퓨터와 텔레비전을 보는 저의 취미는 완전히 변하였습니다. 이제 제 스스로 컴퓨터와 텔레비전을 자제 할 수 있게 되었고 더 이상 소설과 만화책에 빠져 살지 않게 되었습니다.

그리고 교회에서 반주 할 수 있다는 것이 저에겐 이제 너무나도 감사한 제목이 되었습니다. 반주가 부담스러운 일이 아닌 저에게 하나님이 주신 축복처럼 느껴질 따름입니다. 저에게 이런 은사를 내려주신 하나님께 너무 너무 감사합니다. 철 없이 반주를 내팽개치고 공부한답시고 학원에 간다고 사라졌던 제 모습은 이제 사라지고 어디에도 없습니다.

공부에 관한 자세한 이야기는 5대 관계 회복에 대하여 얘기할 때 더욱 자세히 말하겠습니다. 교회 선생님을 욕하던 제 입에서 이제 선생님들께 "사랑합니다" "존경합니다" "감사합니다"라는 말이 자연스럽게 나올 정도로 바뀌게 되었습니다. 그리고 예배를 귀찮다고 느끼지 않고 사모하는 마음으로 드리게 되었습니다.

25명의 제자와 목양리더 세우다

전도에 관심은 커녕 신경도 안 쓰던 제가 중학교 3학년 때 실장이란 일을 하면서 저희 반 아이들을 다 전도하겠다는 마음을 먹고 전도를 시작하여서 벌써 제게 25명이라는 제자가 생기게 되었습니다. 그 중 2명은 자신의 제자들을 만들어 저희 교회 목양 리더가 되었습니다. 처음에는 오지 않을 것 같던 아이들이 한 명, 두 명 교회에 오게 해주신 하나님께 너무 감사드립니다. 그리고 새벽기도는 아예 생각하지도 않던 제가 전도한 그 아이들을 위해서 새벽기도에 참석하게 되었습니다. 정말 목양을 통해서 하나님께 영광 높여 드리는 제가 될 수 있기를 바랍니다. 부모님을 피해만 다니던 옛날의 저는 사라지고 부모님을 존경하고 사랑하는 딸의 모습만 남게 되었습니다. 제가 이렇게 변할 수 있게 해주신 하나님의 은혜가 너무나도 놀랍고 신기합니다.

5대 관계 회복을 만나고 나서

이제 5대 관계 회복(하나님, 나, 공부, 부모님, 선생님)을 통하여 변화된 저의 성적에 대하여 말하고자 합니다.

첫 번째, 하나님과의 회복. 하나님과의 회복은 목양 수련회에서 회복되어졌습니다. 삶의 목적 없이 무의미하게 살던 저에게 하나님의 목적인 목양이 마음 속 깊이 들어오게 되면서 공부를 생각하는 마음 자체가 변하게 되었습니다. "공부는 하나님이 만드신 것이니까 나도 잘 할 수 있다" "공부를 통해 하나님의 영광을 높여 드리자" 라는 생각을 가지게 되면서 공부를 사랑 할 수 있는 마음을 가지게 되었습니다.

그때부터 공부를 억지로 할 때와는 다르게 공부가 재미있게 느껴지고 중학교 2학년 때의 방황으로 100등 밖으로 밀려난 제 등수가 점점 다시 100등 안으로 들어오게 되었습니다. 그리고 공부는 내 스스로 하는 것인 줄로만 알았는데 그렇지 않다는 것을 깨닫고 기도 자체를 하지 않고 살던 제가 하루에 기도 1시간과 새벽기도를 나오면서 하나님께 지혜를 구하는 아이로 변했습니다.

두 번째, 나와의 회복. 저에게는 영어에 대한 열등감이 있었습니다. 그래서 항상 제 자신에게 "난 영어를 원래 못해." 라고 생각하면서 영어 100점이란 점수는 생각지도 않고 지내왔었는데 "하나님이 만드신 언어인 영어를 내가 왜 못해?" 라는 생각을 가지고 나도 할 수 있다는 마음으로 매주 담임 목사님께 안수기도를 받고 시험치기 전날 제가 살고 있는 지역에 목양 컨퍼런스로 오신 한성택 목사님께 안수기도를 받고 난 후 다음 날 시험을 쳤습니다. 그런데 놀랍게도 영어 100점이란 결과가 나왔습니다. 그리고 나도 할 수 있다는 자신감을 가지고 기도하며 공부를 하고 중학교 3학년 첫 시험을 쳤는데 약 400명 중에서 55등을 하게 되었습니다. 지난 시험 등수의 절반을 접은 점수였습니다. 정말 너무 기쁘고 하나님께 감사하였습니다.

세 번째, 공부와의 회복. 저에게는 공부란 그저 스트레스를 주는 것 중의 하나였습니다. 하지만 그런 공부를 사랑하겠다는 마음을 먹고 공부를 하기 시작하니까 재미없던 공부에 흥미가 생기기 시작했고, 항상 시험기간만 되면 스트레스 때문에 하루하루가 불안하고 초조했었는데 이제 시험기간이 되면 이 시험을 통해서 하나님의 영광을 높여 드릴 수 있게 된다는 생각이 들면서 시험치는 것을 스트레스가 아닌 즐기면서 하게 되었습니다.

네 번째, 부모님과의 회복. 부모님과의 사이가 좋지 않을 때는 부모님께서 저에게 공부하란 말만 하시면 짜증이 나고 기분이 나빴는데 부모님과의 사이가 회복되면서 이제 그런 말을 들어도 짜증이 나지 않는 저로 변했습니다. 부모님께서 제 성적이 이렇게 오르고 제 성격이 이렇게 변한 것이 하나님의 은혜라고 생각하고 계셔서 너무나도 하나님께 감사합니다. 이렇게 믿음의 가정인 듯 보이는 행복한 우리 집도 하나님에 대한 믿음이 약하신, 사랑하고 존경하는 우리 아빠가 한번씩 뿔이 난 호랑이나 도깨비 같이 변하실 때에는 엄마, 언니 그리고 저 모두가 긴장하기 시작하여 그 때의 환경을 원망하고 낙심하고 분노하는 것이 전부였지만, 부모님과 회복한 지금은 그 모습조차 마귀에게 이용당하는 아빠의 모습처럼 보여 안쓰럽고 속상해서 기도하게 됩니다. 저번 주일에도 사소한 일로 버럭 하려는 아빠를 보면서 엄마, 언니 그리고 저는 사랑하는 아빠의 뒤통수를 보며 누가 먼저라 할 것 없이 다함께 "예수그리스도 이름으로 명하노니 지금 아빠를 덮고 있는 마귀들은 물러갈지어다"라고 무한 반복하여 대적기도를 하였었습니다.

다섯 번째, 선생님과의 회복. 싫어하던 선생님의 과목 점수가 안 좋게 나온 적이 있었습니다. 그때 한성택 목사님께서 선생님을 사랑하라고 말씀하셨던 것이 생각이 나서 그 선생님을 사랑하려고 노력하였습니다. 그 선생님이 좋아지고 나니까 자연스럽게 그 과목에 관심이 생기기 시작했습니다. 그리고선 시험을 쳤는데 과학 점수가 60점대에서 96점으로 오르게 되었습니다. 싫어하는 선생님의 수업이 있는 날이면 학교에 가기 싫은 마음이 굴뚝같았는데 그 선생님들을 좋아하게 되고 존경하게 되면서 학교에 가기 싫은 마음이 사라지고 학교에 가고 싶어지고 학교생활이 너무나도 즐겁게 변했습니다.

그리고 저희 교회에서 몇 년 전부터 공부방을 시작하게 되었습니다. 그 공부방의 이름은 솔로몬 공부방입니다. 많은 인원은 아니었지만 적은 인원의 리더들로만 모아서 기도와 함께 공부를 하려고 모였었습니다. 처음에는 공부방에서 선생님으로 있는 저의 언니와 아이들이 서로 맞지 않아서 많은 트러블이 생겼었습니다. 언니와 아이들의 사이가 좋지 않을 때가 너무나도 많아 저로선 너무 많이 속상했었습니다. 아이들과 언니의 사이가 안 좋아 질 때 마다 전 다들 기도하고 공부하려고 모였는데 이런 일들이 자꾸 생기니 너무 속이 상해서 공부가 눈에 들어오지 않았습니다. 차라리 이럴 바에는 공부방을 안 하는 것이 더 낫다고 생각한 것이 한 두 번이 아니었습니다. 그럴 때마다 언니와의 갈등도 커지고 아이들을 향한 미움의 마음도 점점 생기기 시작했습니다.

이것만은~ 잊지 마세요!!
하지만 시간이 점점 지나면서 언니와 아이들의 관계가 기도로 회복되어지기 시작했습니다. 그러면서 저도 마음의 안정을 얻고 공부에 집중을 하게 되었으며 아이들을 사랑하는 마음을 갖게 되었고 아이들도 그제야 공부에 대하여 마음을 열고 공부를 열심히 하기 시작했습니다. 그때부터 아이들의 성적이 점점 오르기 시작했고 중위권에서 머물던 아이들은 상위권으로, 하위권에 머물던 아이들은 중위권으로 등수가 올라가게 되었습니다. 전 이 귀중한 경험을 통하여 공부에서는 정말 선생님과 학생의 관계가 중요하다는 사실을 진심으로 느끼게 되었습니다.

하나님의 사랑을 깨달으면 세계적인 리더

이 간증을 쓰기 위해 며칠 동안 저를 되돌아보게 되었습니다. 아직도 부족함이 많은 저에게 이 글을 통해 하나님을 높여 드릴 수 있게 해주신 하나님께 감사드립니다. 이 글을 썼다고 해서 자만하고 자랑 할 것이 아니라 좀 더 겸손해져서 오직 하나님의 영광만 높여 드릴 수 있는 제가 되고 싶습니다.

2011년 한 해 동안 중·고등부 회장으로써 목양하는 중·고등부를 만들기를 원합니다. 이 글을 읽는 모든 분들이 하나님의 사랑을 깨닫고 공부 1등! 목양 1등하는 세계적인 리더가 되시기를 원해요. 지금 저는 중학교를 졸업한 오늘도 다른 친구들처럼 부모님들이나 친구들과 놀러 가지 아니하고 금요찬양

기도회를 위하여 즐겁게 반주하러 교회로 갑니다! 세계적인
정유철 목사님 감사합니다!! 사랑합니다 !!
　세계정복! 목양제자! 당신은 세계적인 리더입니다!

　너희는 이세대를 본받지말고 오직 마음을 새롭게 함으로 변화
를 받아하나님의선하시고 온전하신 뜻이 무엇인지 분별하도록
하라 〈로마서12:2〉

너무 나 힘들어... 함께 있어 줄래?

청주사랑순복음교회 _장 호 익

안녕하세요. 저는 청주 사랑순복음교회에서 김동환 목사님을 섬기고 있는 목양교사 장호익 이라고 합니다. 제가 하나님께 받은 은혜가 너무 크고 놀랍기에 이렇게 간증으로 많은 분들과 나눔과 교제로 은혜나누길 원합니다.

이대로만 간다면 성공(?)인데

저는 교회에서 어릴 적부터 성가대와 찬양단의 음악을 들으며 자랐습니다. 잔잔한 찬양을 할 때는 손을 들어 찬양하기도 했고 신나는 찬양을 할 때면 뛰어 춤추며 찬양하기도 했습니다. 그러한 환경 속에서 저는 음악을 쉽게 접할 수 있었습니다. 쉽게 배울 수도 있었습니다. 찬양을 듣고 살았음에도, 저는 왠지 모르게 세상음악을 하는 밴드를 하기로 마음을 먹었습니다. 동료들을 모집하고 공연을 준비하고 잘 진행되는 줄 알았습니다. 그대로만 간다면 성공할 줄 알았습니다.

15세에 간암으로 세상을 떠난 친구

저에게는 5명의 동료가 있었습니다. 저와 한 팀으로 움직이고 공연도 하던 친구들이었습니다. 그들과는 어렸을 적부터 매우 친했고 손가락만 까닥해도 깔깔 웃고, 말은 안 해도 그들의 마음까지 읽을 수 있는, 참 좋은 사이였습니다. 제가 중1때 저희 교회는 목양수련회를 참석하지 않았고 다른 수련회를 다니고 있었습니다. 여름방학이어서 어김없이 수련회에 참석 중이었습니다. 3박 4일 일정이었는데 셋째 날 저녁에 제 친구에게서 연락이 왔습니다. 그 친구의 목소리는 어두웠고, 한 친구가 간암이 악화되어 죽었다는 소식을 들었습니다. 당황했습니다. 손이 떨리고 몸이 떨리기 시작했습니다. 제가 그곳에서 할수 있는 것은 기도밖에 없다는 것을 알았습니다. 몸이 안 좋다는 것은 알고 있었지만 그렇게 갑작스럽게 일이 일어날 줄은 몰랐습니다.

교통사고와 심장병, 자살로 친구 4명 죽다

그렇게 저희 팀은 4명이 되었습니다. 그 후로 2년 사이에 그 모든 친구들이 제 곁이 떠나갔습니다. 제 눈앞에서 교통사고

로 두 명이 죽었습니다. 또 한명은 학업과 자신의 꿈과의 갈등
으로 인해 자살을 선택하였고 평소 심장이 안 좋던 나머지 한
친구는 심장의 판막이 제 기능을 하지 못하여 죽었다고 뒤늦
게 들었습니다. 암흑과 같았습니다. 그 누구도 저를 살릴 수
없었습니다.

하나님을 부인하고 방황의 길로

친구들이 하나 둘씩 제 곁을 떠나가면서 저는 신앙과 하나
님을 부인하게 되었습니다. 그렇게 생각할 수밖에 없었습니
다. 그러면서 저는 방황의 길로 들어가게 되었습니다. 술, 담
배는 기본이었고 오토바이를 타고 돌아다녔습니다. 밤늦게 친
구들과 어울리고 그릇된 행동들을 많이 저질렀습니다. 그러면
서도 부모님과 교회에는 방황하는 저의 모습을 숨겼습니다.
실망하실까봐 걱정 됐습니다. 하지만 실망시키지 않아야겠다
는 생각이 가식과 거짓, 형식적인 삶으로 변질되었습니다. 사
업으로 바쁘셨던 부모님께는 공부만 열심히 하고 있는 아들
로, 교회에서는 일 열심히 하는 일꾼으로, 제 본 모습을 감추었
습니다. 부모님한테는 일부러 착한 말을 내뱉고 교회에서도
일 잘하는 척 하면서도 교회 밖에만 나오면 다시 방황하는 삶
을 사는 제 모습이었습니다. 그때는 그 생활이 너무 좋았습니다.

아무것도 신경 쓰지 않고 나 하고 싶은 대로만 하면 되었으
니까요. 또 그게 다 인줄 알았습니다. 그렇게 살다가 죽으면

그만이라고 생각도 했습니다. 방황은 더 깊고 길게 늘어만 갔습니다. 내색을 하지 않다보니 누구 하나 제가 방황하는 사실을 알고 있는 사람은 없었고 그렇다보니 그 방황에서 저를 건져줄 사람도 없었습니다.

누가 날 건져 줄까?

방황을 하며 시간가는 줄 모르고 살다보니 어느새 수련회기간이 다가왔습니다.

목사님께서 이번에는 다른 수련회를 가시겠다고 하셨습니다.

목양 청소년 수련회라는 곳이었습니다. 가기 싫었습니다. 정말 짜증부터 났습니다.

부모님한테 수련회 가기 싫다고 처음으로 화도 냈습니다. 하지만 저희 부모님께서 교회 일에 대해 매우 엄격하시기에 어쩔 수 없이 입이 부풀대로 부풀어 수련회에 참석하게 되었습니다. 말씀이 귀에 들어오지 않았고 그 신나게 부르던 찬양도 더 이상 저의 몸을 움직이게 하지 못했습니다. 수련회 기간이 매우 괴롭고 걸어서라도 집으로 가고 싶은 마음이었습니다. 다른 학생들은 모두 은혜 받았다며 담임목사님께 간증도 하고 했습니다. 하지만 제 마음속엔 기쁨도 행복도 은혜도 없었습니다. 아무런 성과 없이 돌아왔습니다. 수련회 후에 전국에서 컨퍼런스들이 열렸습니다.

정말 가기 싫었습니다. 그렇지만 부모님 압력에 의해서 컨

퍼런스에 모두 참석을 했습니다. 죽고 싶었습니다. 그렇게 전
국을 돌아다녀 예배에 참석하였어도 제 삶에는 변화가 없었습
니다. 그런 제 모습에 한숨이 나오기도 했습니다. 그때부터는
제 자신을 탓하기 시작했습니다. 제 자존감이 모두 무너지기
시작했습니다. 주변의 시선을 보기 시작했습니다. 괜히 사람
들이 웃는 모습만 봐도 나를 보면서 비웃는 건 아닌지 나를 놀
리려는 건 아닌지 의심도 하며 남들을 믿지 못하게 되었습니다.

너무나 힘들어.. 함께 있어 줄래?

혼자 감당하기엔 너무나 큰 아픔이었기에 처음으로 학교 친
구들에게 제 사정을 말했습니다. 같이 음악 하려던 친구들 5명
이 죽어서 내가 너무 힘들다고, 외롭다고, 같이 있어달라고, 떠
나지 말아달라고... 하지만 방황을 하며 학교 친구들과의 관계
는 이미 무너진 상태였기에 그 친구들은 저에게 눈길을 주지
도 않고 제 말을 믿어주지도 않았습니다. 거짓말이라며 저를
비난하기도 했습니다. 눈앞이 캄캄했습니다.

어디 하나 의지할 곳이 없었기 때문입니다. 어느 날은 너무
답답하고 화가 나서 아파트 옥상으로 올라갔습니다. 살기 싫
었습니다. 한발 한발 내딛었습니다. 제가 아파트위에서 몸을
던지려할 때 제 눈에 나무 3그루가 보였습니다. 참새와 비둘기
가 날아다니는 모습이 보였습니다. 동네 아이들이 세발자전거
를 타는 모습, 모래로 소꿉놀이하는 모습. 그 위에서는 많은

것이 보였습니다. 그런 모습들을 보면서 저는 더 악해졌습니다. 세상은 저렇게 평화롭고 아름다우니까 나하곤 어울리지 않는 곳이라고 생각했습니다. 그리고는 다시 발을 내딛고 몸을 던지려 하였습니다. 하지만 결단이 약해서인지 뭐가 두려워서인지 끝내 자살하는 것에 실패했습니다. 집으로 돌아와 엉엉 울었습니다. 집엔 아무도 없었고 마음껏 혼자 울 수 있어서 좋았습니다. 자살 실패 후 하루하루를 멍한 상태로 살았습니다. 사는 게 사는 것 같지 않았고 삶의 목적이 없었습니다.

하나님 욕하고 원망하는 나를

어느새 또 수련회 기간이 되었습니다. 교회학생들이 또 목양수련회로 가자고해서 자연스레 목양수련회에 가게 되었습니다. 이번에도 가기 싫었지만 반항할 여유, 힘조차도 없었습니다. 수련회 일정은 저에게 매우 답답하고 잔인 했습니다. 예배 후 밥 먹고 또 예배 후 밥 먹고. 첫날 저녁예배 기도하는 시간 있었습니다. 저희 교회 학생들은 열심히 기도했습니다. 저는 그 옆에서 교회 학생들을 욕하고 있었습니다. 누구한테 저렇게 열심히 부르짖는 건지 이해할 수가 없었습니다. 하나님, 즉 신이라는 존재를 부인하고 인정하지 않고 있던 제 모습이었습니다.

이번 수련회도 괜히 왔다는 생각을 하고 있었습니다.

둘째 날에도 저녁에 기도하는 시간이 있었습니다. 저는 아예 맘을 먹고 하나님께 욕을 하기로 결심했습니다. 남들과는 정반대였습니다. 남들은 하나님을 만나기 위해 기도하였지만 저는 하나님을 떠나기 위해 기도했습니다. 그것도 욕으로 말입니다. "하나님! 당신이 진짜 살아있다면 내 친구들 왜 죽였어! 당신은 아픈 사람 고치고 힘든 사람 건져내는 존재라면서!" 라고 외치며 욕하기 시작했습니다. 20분쯤 욕했을까요? 온몸에 소름이 돋았습니다. 뭔가가 저를 휘감는 듯 느낌을 느꼈습니다. 그러나 저는 아랑 곳 않고 계속 욕을 했습니다. 내 친구들 살려내라는 식으로요.

고통가운데 오신 예수님

그때였습니다. 욕을 하고 있는 도중에 누군가가 제 말들을 끊어버리듯이 잘라내면서 "내가 너를 사랑하노라" 라고 하는 음성이 들렸습니다.

그 음성이 하나님이라는 사실을 저는 알고 있었습니다. 하지만 제 삐뚤어진 마음이 또 욕을 했습니다. "나 사랑한다면서 왜 나 아프게 했어요? 무슨 죄가 있다고…" 하나님께서는 아무런 대답이 없으셨습니다. 저는 그 사실에 다시 화가 났습니다. "그것 봐! 나 버린 거잖아 나 힘들게 하려고 그런 거잖아!"

계속 그렇게 울며 욕을 하고 화를 냈습니다. 10분쯤 후였을까요, 또 한 번의 음성이 들렸습니다. "내가 너를 크게 사용하리라"…

더 이상 부인할 수 없었습니다. 그 두 번의 음성 후, 저는 더 이상 아무런 말을 못하고 계속 울면서 마음속으로 감사하다고.. 나 만나주셔서, 나 힘들었는데 나 찾아와주셔서 감사하다고 고백했습니다.

살아 계신 나의 하나님!!

다음날 수련회의 일정이 모두 끝이 나고 저희 교회학생들은 차량 운행해 주신다고하신 목사님을 기다리고 있었습니다. 담임목사님께서 조금 늦으셔서 건물 안에서 기다리고 있었습니다. 다른 교회들은 다 가고 목양 훈련원분들도 모두 돌아가실 준비도 다 하신 상태였습니다. 남은 건 저희 교회뿐이었습니다. 그때 한성택 목사님께서 저희교회를 보시고 저희 무리가 있는 쪽으로 오셨습니다. 어느 교회인지 물어보시고 저를 찾아주셨습니다. 목양클럽에 기도요청으로 제 사정을 글로 올렸는데 목사님께서 보신 듯 했습니다. 한성택 목사님께서는 저를 보시고는 아무런 말씀도 없으셨습니다.

그리고는 아무 말 없이 지를 꼬옥 안아주셨습니다. 진심으로 안아주셨습니다.

그 품이 너무 따뜻하고 포근했습니다.

잠시 후 한성택 목사님께서 저에게 다음 주 곧이어 진행되는 수련회에서 드럼을 섬기라고 하셨습니다. 저는 놀라지 않을 수 없었습니다. 한성택 목사님께서는 어떻게 제가 드럼 쳤던 걸 아신 건지, 또 어제 하나님께서 나를 크게 사용 하시겠다 하셨는데 바로 하루 만에 그 말씀이 이루어지니… 그 일로 인해 정말 하나님은 살아 계시구나! 라는 생각을 할 수 있었습니다. 수련회에서 드럼자리로 열심히 섬겼습니다.

"와 이거다!" 다음세대를 살려라

똑같이 전국에서 컨퍼런스들이 열렸습니다. 이제는 남들이 시켜서가 아닌 제 의지로 모든 예배를 참석하기 원했습니다. 그토록 말씀하신 목양이 무엇인지… 또 제 방황하는 삶을 고치고 싶었기 때문입니다. 집중해서 말씀을 들으니 "와 이거다!" 싶었습니다. 나처럼 고통의 삶을 사는 다음세대를 살려야겠다! 하나님 만나게 해야겠다! 라는 결단을 하게 된 후 목양을 본격적으로 시작했습니다. 술, 담배와 나쁜 행동들을 모두 끊어버렸습니다. 정말 힘들었지만 하나님께서 나와 함께하신다 생각하니 그 무엇도 어렵지 않았습니다. 변화되는 제 자신에 감탄하고 자존감이 다시 회복되기 시작했습니다.

그리고는 수련회와 컨퍼런스에서 배운 대로 친구들에게 교회가지 않겠냐고 물어보며 전도를 시작했습니다. 열심히 주님 이름 전하다보니 친구들과의 관계가 다시 회복되고 하나님께서 정말 소중한 제자 1명을 제게 주셨습니다. 또 그 1명을 통하여서 현재는 41명의 재적을 제게 맡겨주셨습니다. 또 그 41명의 재적 한명 한명마다 자신들이 끼칠 수 있는 영향력을 통하여서 하나님을 전하고 있고 나름대로의 사역을 감당하고 있습니다.

1시간 기도하면 1등급

전도와 함께 하나님의 은혜로 학업의 기름 부으심을 받게 되었습니다.

공부하지 않고 게임하고 놀기 바쁜 저의 성적은 평균 40~50점대 였습니다.

그러나 목양을 만난 후 미래에 대한 비전이 생기기 시작했고 이대로는 안 되겠다 공부하자 결심했습니다. 하지만 기초 없이 중학교를 졸업하고 막 고등학교를 입학한 후라 약간의 두려움도 있었지만 수련회 때 공부의 기름 부으심을 확실히 받았다고 생각하니 평안해지고 계획들이 잡혀갔습니다.

그 중의 하나가 바로 매일1시간씩 기도하며 공부하는 것 이었습니다.

처음에는 1시간 기도한다고 뭐가 달라지겠냐는 믿음 없는 저였지만 왠지 모르게 계속 1시간 기도의 감동이 제게 몰려왔고 저는 그것을 실행에 옮겼습니다.

하나님께 나의 학업에 대한 모든 것을 놓고 간절히 기도했습니다.

믿음을 갖고 기도하며 공부했던 고등학교 첫 시험 결과에 매우 놀랐습니다. 그건 제가 제일 두려워하고 싫어하던 수학이 1등급이 나왔습니다. 깜짝 놀라지 않을 수 없었고 그 후로 공부에 욕심이 생기고 재밌어지기 시작했습니다.

그 후로 하루도 빼먹지 않고 1시간 기도를 해가며 공부했습니다.

1등급은 자유하다

그 결과 저의 성적은 상승세를 타기 시작해 작년 고1 기말고사에 국어, 국사가 1등급이 나왔고 나머지 과목들은 2~4등급이 나왔습니다. 성적이 쭉 상승세를 타면서 담임선생님께서 저를 믿어 주셨습니다. 그리고 야자학습이나 방학 때 보충을 빼야겠다고 말하면 모두 빼주셨습니다.

더욱 감사한 일은 제 제자들도 같이 성적이 오르니 교회 다니는 것을 싫어하시던 제자들의 부모님들은 교회를 믿어주시고 교회 출석을 허락해 주셨습니다. 모든 것이 하나님께 감사하고 지난 2010년은 오직 하나님의 은혜 속에서 살았다고 고백하고 싶습니다.

목사님의 마음을 만나면..

토요일 저녁에 모여 같이 합심하여 교회를 위해, 모든 다음 세대를 위해, 목사님을 위해 공통기도제목을 놓고 기도하고 또 개인기도제목을 같이 기도해주며 사역하고 있습니다. 가끔은 제자들이 말을 안 듣고 해서 마음이 아프고 괴롭지만, 이 마음이 곧 하나님의 마음이며 목사님의 마음이라 생각할 때, 이 럴수록 내가 더 기도하고 낮은 자세로 섬겨야겠구나 하는 마음이 듭니다.

목양을 만나고 제가 가장 많이 변화된 점은 자존감이 회복되었다는 것이고, 또 목사님의 마음을 알아 목사님의 동역자가 되는 것, 다음세대의 중요성을 알게 되었다는 것입니다. 진정으로 우리가 왜 예배하며 왜 다음세대를 살려야하는지 뼈져리게 깨닫게 되었습니다.

목양은 사람을 살리고 세우는 것

앞으로 저는 더 많은 제자를 삼고 싶습니다. 많은 다음세대를 살리고 싶습니다.

지금 하나님께서 제게 41명의 재적을 주셨는데, 앞으로 500명으로 부흥하길 소원합니다. 그러기 위해 저는 더 낮아지고 섬기며 온전히 예배할 것입니다.

이제 전 세상노래를 하겠다는 꿈을 버리고 목사님이 되겠다고 믿음으로 결단했습니다. 세계적인 목사님이 되기 위해 기도하고 또 간구하며 나아가려합니다.

그러기 위해 여러분들의 기도가 필요합니다.

제가 온전하게 설 수 있도록, 세계적인 목사님이 될 수 있도록 기도해 주셨으면 합니다.

끝으로 제 삶을 변화시켜주시고 간증할 수 있게 역사하신 하나님께 모든 영광 돌립니다. 하나님 사랑합니다.

그리고 김동한 목사님 사랑합니다··

이르되 주여 내가 주께 은총을 입었거든 원하건데 주여 우리와 동행
하옵소서 이는 목이 뻣뻣한 백성이니이다. 우리의 악과 죄를 사하시고
우리를 주의 기업으로 삼으소서 〈출애굽기34:9〉

주님 손바닥에 새긴 내 이름

평강교회 _ 신 연 정

안녕하세요. 저는 세상에서 제일 좋으신 이현길 목사님을 섬기고 있는 평강교회 신연정입니다. 먼저 부족한 저를 이렇게 귀한 자리에 서게 하신 하나님께 감사드립니다.

엄마 보고 싶어!

저는 다른 아이들과 다름없이 엄마 아빠의 사랑 안에서 태어났고 또 다른 아이들과 다름없는 어린 시절을 보냈습니다. 그런데 5살 때 엄마 아빠가 이혼하면서 저는 큰엄마 집으로 가게 됐습니다. 큰엄마 집에서 지내면서 친척언니를 따라 교회를 나갔고 저는 교회를 좋아하는 주일학교학생으로 커갔습니다.

그러던 중 아빠가 어떤 여자 분을 데려오셨습니다. 이제 엄마가 될 것이라 했고 어렸던 저는 엄마가 생겼다는 기쁨에 처음 본 여자를 엄마라 부르며 따랐습니다. 그러나 몇 달 살지 못하고 아빠는 그 여자와 헤어지게 됐고 또 다시 저는 큰엄마 집으로 갔습니다. 그렇게 두 번의 상처를 안고 교회에서 즐거움을 찾고 상처를 잊으며 지냈습니다. 초등학교 4학년 때 아빠가 또 여자 분을 데려오셨습니다. 상처가 있던 저는 경계했지만 그 여자 분과 친하게 지내면서 마음을 열게 됐고 곧 아빠는 2번째 재혼을 했습니다.

새엄마의 매질은 심해지고

처음에는 엄마라고 부르지 못했지만 교회를 반대하는 아빠 몰래 교회에 보내주고 또 동생과 저에게 잘해주는 그 분께 엄마라고 부르며 만족하는 삶을 살았습니다. 그런데 새엄마는 조금씩 저희에게 공부를 강요하고 교회에 나가지 못하게 했습니다. 저는 주일아침이면 혼자 방에서 찬양을 부르면서 예배를 드렸고 새엄마는 그것도 용납하지 못했습니다. 그게 너무 싫었던 저는 새엄마에게 반항심을 표현했고 또 다시 마음을 닫았습니다.

그때부터 새엄마와 우리의 사이는 멀어져갔습니다. 공부에 욕심내는 새엄마 그리고 그 욕심을 채우지 못하는 동생과 저였습니다. 새엄마는 어린 동생을 때렸고 그 매질은 항상 관심이라는 말로 합리화 됐습니다. 그렇게 새엄마의 매질은 날이 갈수록 심해졌고 6학년이 됐을 때는 이미 학대수준까지 이르게 됐습니다. 동생은 하루도 웃고 있는 날이 없었고 저 또한 힘든 생활을 보냈습니다. 그때는 이미 힘들고 지쳐 주님과 잡았던 손을 놓고 있었습니다. 중학교에 올라가서도 저는 새엄마의 욕심을 채워주고자 노력했고 그로인해 너무 지쳐버렸습니다. 새벽이 넘는 시간까지 학교와 학원에서 울며 보내다 집으로 가면 맞고 있는 동생을 보며 또 울었습니다. 아빠는 장기 출장을 다니셨기 때문에 힘없는 동생과 저는 아빠 앞에서는 새엄마와 좋은 사이인척 연기해야했습니다. 저는 갈수록 하나님을 원망했고 아빠를 원망했고 집을 증오했습니다.

거짓 자유, 깊은 함정

버티지 못 한 저는 어린동생을 두고 집을 나왔습니다. 가출하고 갈 때가 없어 배회하던 중 학생이라고 볼 수없는 친구와 선배를 만났습니다. 저는 자유로운 그들을 보며 부러워했고 결국 집으로 돌아가 내 손으로 내 짐을 싸고 집에서 완전히 나왔습니다. 집으로는 죽어도 가기 싫어하는 저를 보고 큰엄마는 다시 저를 받아주셨습니다. 큰엄마 집으로 들어갔지만 제 마음은 이미 헝크러져 있었습니다. 방학 때는 새벽에 놀고 낮에는 자고 그렇게 밤낮이 바뀐 생활을 했습니다. 그렇게 지내다 보니 개학하고서 학교에 갈 수가 없었습니다. 저는 그래서 결석과 지각을 밥 먹듯이 했고 어쩌다 제대로 학교에 가는 날은 버티지 못하고 다시 밖으로 나왔습니다.

2학년이 돼서는 모텔을 돌아다니며 술을 먹기도 하고 또 후배들을 괴롭히고 때리기도 하면서 그것이 즐거움인줄 알았습니다. 담배피면서 안 피는 친구들이나 끊으려는 친구들에게도 권유하고 타락시켰습니다. 막차가 끊기기 직전까지 놀고 아니면 밤새도록 놀았습니다. 그런데 그날만큼은 왠지 일찍 집에 가고 싶어 집으로 갔습니다. 가는 길에 동생을 만났습니다. 동생은 많이 야위어있었고 역시 힘없는 표정이었습니다. 동생은 매일 학대하는 엄마가 무서워 집에 들어가지 못하고 있었던 것이었습니다. 저는 동생을 집으로 데려갔습니다. 동생은 엄마가 큰엄마 집에 가면 불 지를 거라고 했다면서 벌벌 떨었고 저는 동생을 안심시키며 씻기는데 동생의 몸은 멍이 안든 데가 없었습니다. 저는 그런 동생을 보며 울었고 또 새엄마가 밥을 안줬다면서 너무 맛있게 밥 먹는 동생을 보면서 울었습니다.

그렇게 동생과 몇일을 큰엄마집에서 지냈지만 결국 매일 찾아오는 아빠 때문에 어쩔 수 없이 다시 집으로 돌아가게 됐습니다. 새엄마는 울면서 우리에게 용서를 구했고 우리는 망설이다 그 용서를 받아줬습니다. 그렇지만 제 마음은 절대 용서할 수 없었습니다. 그래도 저는 다시 잘 해보고자 했고 그렇게 일주일쯤이 지났습니다.

멀리 멀리 갔더니

친구들과 놀고 있었는데 아빠가 갑자기 연락해서 저를 집으로 데려가셨고 아빠가 하신 말씀이 우리 가족이 또 다시 떨어져 살아야 한다는 것이었습니다. 아빠 사업에 문제가 생겨 아빠는 지방으로 내려 가야된다고 했습니다. 그래서 또 다시 저는 큰엄마 집으로 오게 됐습니다. 학교근처로 아빠 찾는 사람이 찾아왔고 집으로 돌아가면 또 아빠 찾는 사람의 전화에 시달렸습니다. 소설에서만 보던 일이 저한테 일어났습니다. 저는 더 방황했고 아빠가 남기고 간 우리 집에서 매일 친구들과 평소 친했던 오빠들을 불러 술판을 벌이며 보냈습니다. 정말 하루도 빠지지 않고 매일 술을 마셨고 학교와는 점점 멀어져 갔습니다. 그렇게 저는 끝없이 타락하고 방황했습니다. 큰엄마와 큰아빠는 그런 저를 보며 마음 아파했지만 저는 알면서도 모른척했고 또 술 먹고 놀다가 금방 잊었습니다. 어릴 때 처음으로 교회에 가게해준 친척언니는 저를 어떻게든 다시 교회에 데려가려고 했지만 저는 언니를 무시했습니다. 교회에서 행사가 있을 때나 어디 놀러갈 때라도 저를 데려가려했고 저는 그럴 때 가끔씩 교회에 갔습니다. 그렇지만 역시 꾸준히 교회에 가지 못했고 세상과 어울리며 지냈습니다. 2학년이 끝날 무렵에는 이미 성적도 바닥이고 선생님들한테서 이미지도 바닥이었습니다.

주님! 제가 여기 있어요

그러던 어느 날 언니가 부흥회가 있다고 교회에 같이 가자고 했고 저는 부흥회 3일중 이틀을 나갔습니다. 그때는 부흥회 강사 목사님 말씀하시는 게 너무 재밌어서 재미있게 들었지만 제 마음이 이미 교회와 멀어졌기 때문에 은혜를 받지는 못했습니다. 그래도 그때부터 다시 교회에 관심을 갖기 시작했습니다. 학생수련회가 있다고 해서 언니와 목사님 때문에 저는 어쩔 수 없이 가게 됐습니다. 갈 때 찬양도 절대 부르지 않을 거고 반항하는 모습을 보여줘야겠다는 마음으로 갔습니다. 개회예배 찬양 시간이었습니다. 아직 어떤 기도도 하지 않았고 어떤 말씀도 듣지 않았습니다. 그런데 찬양에 맞춰 춤추고 있는 스태프를 보면서 저도 모르게 벌떡 일어나 따라 춤을 추게 되었고 제 주변에 있던 사람들도 함께 춤을 추었습니다. 신나고 너무 재미있었습니다. 담배 냄새로 가득한 노래방에서 노래할 때와 다른 기분 이었고 새로웠습니다.

이것이 목양제자 수련회와 저의 첫 만남입니다. 말씀을 들을 때 마다 은혜가 됐고 기도시간마다 저절로 기도가 나왔습니다. 또 주여 천 번을 외치고 한 시간 기도하는 시간에 태어나서 처음으로 주여 천 번을 외쳐봤고 또 주님의 이름을 외치면서 눈물이 나왔습니다. 그때 방황하며 보냈던 지난 2년간의 세월이 눈앞에 보이면서 후회와 회개의 눈물이 흘렀고 이제는 그러지 않으리라 다짐했습니다. 기도하고 또 기도했습니다.

눈물로 기도하던 중 하님께서 제 친구의 이름을 마음에 들려주시면서 전도하라고 하셨습니다. 최은미라는 친군데 앞으로 세계적인 CCM가수가 될 친구니까 잘 기억해주세요. 또 목사님이 하나님의 자녀인 우리는 열등감이 없어야 한다고 말씀하셨습니다. 하나님의 자녀라는 자존감이 있어야 한다는 말씀을 듣고 그렇게 기도했습니다. 수련회를 가기 전에는 열등감이 정말 많았습니다. 열등감으로 인해 자살시도도 해보았고 열등감에 더 방황했습니다. 그런데 수련회에 다녀와서 저에게 자존감이라는 것이 생겼습니다. 우울했던 모든 것이 풀리고 마음이 편안해졌습니다. 정말 기뻤습니다.

주님! 함께 가시죠

저는 수련회를 마치고 돌아가서 될 수 있는 한 매일 새벽예배에 나갔습니다. 처음에는 기도하는 시간보다 자는 시간이 더 많았습니다. 조금씩 새벽예배에 적응되면서 기도할 수 있게 됐고 새벽은 하나님과 만나는 시간이 됐습니다. 새벽예배에 가서 매일같이 목사님의 안수기도를 받았습니다. 그리고 그 은미라는 친구에게 매일같이 교회애기를 하고 수련회 때 애기를 했습니다. 은미는 처음에는 듣기 싫다고 하면서도 궁금한 것들을 물어 보기도 했습니다. 몇일을 기도하며 은미를 전도하기위해 노력했습니다. 저는 은미에게 교회 나오라는 말을 한 적이 없습니다. 그런데 은미가 '나도 교회에 나가 보겠다 너가 그렇게 말하는 교회에 나가 보고 싶다' 고 했습니다. 저는 그때 정말 기뻤고 하나님께 감사하고 은미에게 고마웠습니다. 그렇게 처음 전도의 기쁨을 느끼고서 그 뒤로 전도하기 위해 노력했습니다. 하지만 생각보다 쉽지 않았습니다. 학교와 교회가 너무 멀었기 때문에 친구들에게는 부담 되는 거리였고 또 제 친구들은 세상과 어울리기에 바빴습니다. 제가 다 그렇게 만들어 놓은 것이기에 저는 더 마음이 아팠습니다. 더 기도했습니다. 그런 친구들에게 변화된 모습을 보여주고자 술과 담배를 끊으려했습니다. 술은 어렵지 않게 끊었지만 담배는 끊기가 쉽지 않았습니다. 예전부터 어울리던 제 친구한테는 항상 담배가 있었고 언제든지 원하면 바로 필 수 있는 상황이었기에 힘들었습니다. 그래서 저는 담배 피는 친구들과 어울리지 않았고 또 피시방에 가면 담배냄새 때문에 더 힘들었기 때문에 거의 제 집과 같았던 피시방에도 가지 않았습니다.

예배 속에 다 있다

전도하는 것도 뜻대로 되지 않고 기도 하는 것들도 바로 응답을 받지 못해 저는 점점 지쳐갔고 믿음이 떨어지는 것을 느꼈습니다. 그럴 때 마다 사모님은 좋은 말씀으로 저를 붙잡아 주셨지만 그것도 잠시였습니다. 학교에 다니며 2년 동안 놓았던 공부를 다시 하려니 지치고 또 기도 한 만큼 되지 않아 실망감에 신앙생활이 힘들어져 갔습니다. 그래도 저는 은미에게 열심히 하는 모습을 보여줘야 했기 때문에 다시 열심히 하려고 노력했습니다. 떨어지는 믿음을 다시 채우고자 나가지 못했던 수요예배와 금요예배를 다시 나갔습니다. 금요철야예배를 하며 기도할 때 목사님이 기도제목으로 우리 학생회를 위해 기도하기를 강조하셨습니다. 저는 그때 마음의 감동이 있었습니다. 방학하고는 새벽예배에도 거의 매일 나갔습니다. 맨 앞자리에서 기도하고 있는데 목사님이 저를 위해 기도하는 것이 들렸습니다. 저는 그때 너무 감동을 받았고 또 더 열심히 해서 목사님을 기쁘게 해드려야겠다는 생각이 들었습니다. 그때는 목사님 사모님께 감사하는 마음에 기쁘게 해드리고 싶어 열심히 했습니다.

여름성경학교를 준비하는 기간 중에도 사모님과 목사님이 기뻐하실 것을 생각하면서 정말 열심히 했습니다. 여름성경학교 기간이 됐고 레크레이션을 진행하려고 교회 마이크를 들었는데 마이크에서 전기가 통하는 것이었습니다. 저는 깜짝 놀라 마이크를 놓칠 뻔했고 주일학교 아이 중에 한명이 우리교회 마이크는 왜 이러냐고 저에게 물었습니다. 학생회 찬양단에 싱어들이 전기가 통한다고 몇 번 말하기는 했지만 저는 신경 쓴 적이 없었기 때문에 놀랐고 그때부터 마이크를 바꿔달라고 기도했습니다. 추석연휴에 비가 많이 왔는데 그때 저희 교회에 물이 들어왔습니다. 그래서 컴퓨터와 마이크 등이 다고장 났고 그래서 제가 기도하던 마이크를 바꾸게 됐습니다. 정말 기도 했던 것들이 이루어진 게 너무 신기했고 더 기도하게 됐습니다.

공부의 목적 전도로..

그렇지만 개학하고 학교에 가서 다시 공부에 지쳤고 너무 힘들었습니다. 주일예배를 지키기도 벅찼던 저는 수요예배와 금요예배는 당연한 듯 빠지게 됐습니다. 그때 목사님이 저에게 성경을 읽어야 은혜를 유지할 수 있다고 하셨습니다. 저는 힘든 시험 기간중에 성경을 읽게 됐고 그때 우연히 펼친 곳에 너무 좋은 말씀이 있었습니다. "두려워하지 말라 내가 너와 함께하리라 놀라지 말라 나는 네 하나님이 됨이라 내가 너를 굳세게 하리라 참으로 너를 도와 주리라 참으로 나의 의로운 오른손으로 너를 붙들리라" 는 말씀을 보았습니다.

내신이 바닥이라서 가고 싶은 고등학교에 붙지 못할까봐 너무 걱정하던 저는 이 말씀을 보았고 이 말씀을 믿으며 다시 공부의 목적을 전도로 바로 잡고 공부했습니다. 그리하여 저는 평균 30점과 40점을 오가는 점수에서 80점까지 오르게 됐습니다. 한문은 9점에서 92점까지 오르게 됐습니다. 이 모든 것은 저의 노력 때문이 아닙니다. 하나님의 능력이시고 또 저를 끊임없이 격려해 주시던 사모님과 기도로 힘을 주시던 목사님이 있었기 때문에 가능했습니다.

한번은 학생회에서 다툼이 있었습니다. 그때 이제 학생회 활동을 하지 않겠다는 사람도 있었고 저는 실망과 화 때문에 많이 울었습니다. 울고 있는 저희들에게 사모님이 오셨습니다. 사모님이 말씀하시기를 "이건 너희의 성장하는 모습을 보고 사탄이 시험을 주는 거다. 이 시험을 이기고 나면 정말 큰 부흥이 우리 학생회에게 일어날 것이다"라고 하셨습니다. 또 이런 시험이 없으면 우리가 교만해졌을지 모른다며 겸손할 수 있는 기회로 생각하라고 하셨습니다.

너무 감사함과 감동의 눈물이 나왔습니다.

그때부터 학생회 회복을 위해 기도했습니다. 역시 하나님은 저희의 기도를 들으셨습니다. 학생회 모두가 돌아왔고 다시 성령 충만한 은혜가운데 특별새벽예배와 토요일마다 모여 기도회로 겨울수련회를 준비했습니다. 이번 겨울수련회는 제가 다녔던 수련회중 가장 많은 은혜가 있던 수련회로 기억됩니다.

삶의 목적을 목양으로 다시 한 번 결단할 수 있었고 이 나라와 우리 교회를 위해 목숨 걸고 기도하고 진도하겠나는 도전을 안고 돌아왔습니다. 또 고등학교에 올라가서는 전교 1등 하겠다는 꿈을 품었습니다.

수련회를 마치고 돌아와서 저는 금식하며 아직 교회에 나오지 않으시던 할아버지와 큰엄마 큰아빠를 위해 기도하고 아직 꿈이 없던 저에게 꿈을 보여 달라고 기도했습니다. 금식하고 이틀이 되던 밤 너무 배가 고프고 먹고 싶은 게 많아서 잠이 안 왔습니다. 그래도 우리 가족을 위해 내 미래를 위해 버텼습니다. 참으면서 마음에 든 생각이 내가 이렇게 기도하는데도 큰 엄마 큰아빠 그리고 할아버지가 교회에 안 나오면 어떡하지? 그리고 내가 하고 싶지 않은 꿈을 내 미래로 보여주시면 어떡하지? 하는 걱정이 들었습니다.

그 걱정은 3일째가 되어도 사라지지 않았고 그렇게 금식이 끝났습니다. 목사님은 금식 후 보호식을 하면서 응답받는 경우가 많다고 하셨고 저는 믿음으로 보호식을 했습니다. 그런데 보호식이 끝날 때 까지도 응답이 없었습니다.

처음으로 제대로 해본 금식이기에 많은 기대를 했는데 너무 실망했고 하나님께 서운했습니다. 목사님은 이런 제 마음을 아셨는지 아직 네 마음에 준비가 안 되서 하나님이 큰 꿈을 보여주시려고 안 보여주시는 것일 수도 있다면서 일단 너는 씨를 뿌린 것이니 기다리라고 하셨습니다. 저는 그 말씀을 믿고 40일 작정 새벽예배에 나가며 열심히 기도했습니다.

금식과 상한 감정 치유

저는 어릴 때 새엄마가 동생을 학대하는 것을 보고 자란 것이 큰 상처였습니다. 그래서 가끔 그런 악몽을 꾸기도 했는데 철야예배가 늦게 끝나 집에 두시쯤 온 날이었습니다. 3시가 넘어 잠에 들었는데 그 날도 동생이 울면서 엄마한테 맞고 있고 저는 힘없이 보고만 있는 꿈을 꿨습니다. 꿈에서 깨자 심장이 빠르게 뛰고 있었고 식은땀이 흐르고 있었습니다. 꿈에서 깨고서도 한참을 무서움에 떨었습니다. 그러다 기도가 나왔습니다. 아니 원망이 나왔습니다. 하나님 왜 나한테 이러시는 거냐며 원망을 하면서도 이제는 주님만 믿고 열심히 전도하며 살테니 제발 이런 꿈 그만 꾸게 해달라고 부탁했습니다. 너무 힘들다며 울었습니다. 결국 그날 6시까지 잠을 자지 못했습니다. 아침이 다돼서야 잠들었고 깨어나서도 그 꿈 생각에 너무 힘들었습니다. 다음날도 힘들었고 그 다음날도 그 꿈이 떠올라 계속 눈물이 차올랐습니다.

새벽에 기도하면서 너무 힘들다고 정말 힘들다고 하나님이 고쳐달라고 기도했습니다. 내가 이렇게 힘든데 동생은 어떻겠냐면서 동생도 고쳐달라고 주님이 우리 마음을 만져달라고 기도했습니다. 그때 하나님의 음성을 들었습니다. "내가 너를 치료하였다"는 하나님의 말씀이었습니다. 저를 다 고쳤다는 하나님 음성에 감화하여 펑펑 울면서 기도하고 있는 그때 은미의 기도소리가 들렸습니다. 저를 위해 기도하고 있었습니다. 마음이 뜨거워졌고 하나님이 나에게 주신 게 너무 많다는 생각이 들었습니다. 그리고 이제는 정말 주님 뜻대로만 살리라 다짐했습니다. 정말 주님께 순종하며 주님 말씀하신대로 가겠다고 기도했습니다. 제가 그렇게 결단했더니 하나님이 그

때 제 금식기도에 응답하셨습니다.

목양의 기름부으심을 받고

설 연휴동안 목사님 말씀대로 복음을 전하기 위해 정말 열심히 어른들을 도와 일했습니다. 그때 큰엄마 큰아빠가 올해는 연정이가 일을 너무 열심히 도와준다고 왠 일이냐? 하셨고 저는 지금이 기회구나 하고 목사님이 이렇게 하라고 하셨다고 말했습니다. 큰아빠가 바로 연정이가 너무 잘해서 교회에 가봐야겠다고 하셨습니다. 할아버지랑 큰엄마까지 함께 데려가겠다고 약속하시며 목사님께 너무 감사하다고 말씀했습니다. 저는 눈물이 나왔고 마음이 뜨거워졌습니다.

새벽에 기도하는데 하나님이 또 말씀하셨습니다. 제가 이렇게 변화되고 도전받은 것과 은혜 받은 것을 다른 사람에게도 전하고 함께 나누라는 것이었습니다. 그리고 결단한 것처럼 전도에 힘쓰라는 음성을 들었습니다. 그리고 그때 내가 그렇게 힘들었던 것이 간증하게 하려고 하신 것이구나 깨닫고 진심으로 감사했습니다. 저는 그래서 제 꿈을 간증사역자로 정했고 평생 전도하며 살기로 정했습니다. 이렇게 모든 것을 내려놓고 주님께 맡겼더니 하나님은 바로 응답하셨습니다.

완전히 믿지 못하고 순종하지 못했던 저를 사랑하시고 인도해 주시는 하나님께 회개하며 또 감사하는 마음이 들었습니다.

저는 그때부터 간증사역자로 다른 사람들에게 은혜의 통로가 되고 도전을 주는 것이 꿈입니다. 그리고 하나님 말씀처럼 전도에 힘쓰고 있습니다. 제가 기도하면서 책임지고 주일학교와 학생회를 부흥시키겠다고 약속했습니다. 그 약속을 위해 초등학교로 전도를 나갔습니다. 초등학교로 전도 나간 날이 친구들과 예전부터 약속이 있던 날인데 마침 그 날이 전도 나가려는 초등학교 개학이어서 저는 전도하기위해 친구들과 모임에 가지 않았습니다. 좋지 않게 생각하는 친구도 있었지만 그 친구 중 한명이 열심히 하는 모습이 너무 보기 좋다면서 나도 너희 교회에 가고 싶다고 했습니다. 그 친구는 제가 1년 동안 기도한 친구입니다. 저는 정말 기뻤고 더 힘을 얻었습니다. 전도하기위해 저희 교회 친구와 같이 떡꼬치를 만들었습니다. 아무래도 그냥 가면 아이들이 관심 갖지 않을 것 같았기 때문이었습니다. 새벽예배가 끝나고 저희 집으로 와서 바쁘게 떡을 튀기고 양념을 만들었습니다. 떡을 튀기면서 기름이 계속 튀었습니다. 무서웠지만 전도해야 된다는 생각하나로 참고 했습니다. 기름이 손으로만 계속 튀었는데 갑자기 기름이 크게 튀면서 제 목으로 기름이 튀었습니다. 정말 눈물이 날만큼 뜨겁고 아팠지만 왕산초등학교가 끝나는 시간에 맞춰야 했기에 물을 묻히거나 볼 시간이 없었습니다. 그래서 저는 신경 쓸 겨를도 없이 떡꼬치를 만들고 전도를 나갔습니다.

전도하면서 쓰라린 목이 신경 쓰였지만 아이들에게 평강교회를 좋은 인상으로 남겨주고 싶어 웃는 얼굴로 전도를 마쳤습니다. 그 날 집으로 돌아와 너무 아파서 보니까 빨갛게 화상 자국이 있었습니다. 여자로서 보이는 상처가 남은 게 속상했지만 저는 전도를 괜히 나갔다거나 그런 후회는 안했습니다. 그냥 첫 노방전도를 다녀온 흔적으로 생각하기로 했습니다.

전도왕 무디소녀

또 초등학교에서 전도하면서 기도하던 학년의 아이들이 나오게 됐습니다. 저는 기뻐서 전도를 쉴 수가 없었습니다. 졸업반이라 오전수업만 했기 때문에 은미와 저는 학교가 끝나고 바로 집으로 와서 전도하기위해 식빵을 튀겼습니다. 식빵러스크를 만들어 상가에 돌리기로 했습니다. 기름이 무서웠지만 그래도 전도해야겠다는 생각으로 튀겼습니다. 그 날 전도하는데 은미가 나도 해보겠다고 하면서 어떤 상가에 들어갔습니다. 그런데 그 상가주인이 너무 무섭게 저희를 거부하셨습니다. 은미는 태어나서 난생 처음해본 노방전도이기에 놀랐고 상처 받았을 것인데도 제가 다른 곳에서 해보라고 했더니 은미는 바로 다시 도전해 보겠다했고 두 번째에 간곳에서 만난 사람은 교회에 나가보겠다며 교회 위치를 자세히 물으셨습니다.

그곳에서 나와 은미랑 저랑 같이 하는 말이 하나님이 이곳에 보내시려고 처음 그 사람이 우릴 거부하게 한 것 같다고 했습니다. 그 날도 정말 재미있게 전도를 마쳤습니다. 저희는 또 전도하고 싶어 했지만 시간적인 여유가 없었습니다. 그래서 생각해낸 방법이 다음날이 학교에 늦게 등교하는 날이었는데 새벽예배를 드리고 전도하러 나가 아침에 전도하고 학교에 가는 방법이었습니다. 은미에게 나의 생각을 말하자 아무 반대도 안하고 그러자고 했습니다. 제가 전도하고 싶을 때마다 함께 전도할 수 있는 사람을 보내주신 하나님께 정말 감사합니다. 새벽예배를 드리고 교회 식당으로 갔습니다. 우리가 만든 식빵튀김과 꿀차를 들고 어제 전도했던 곳으로 나갔습니다. 아침이라 너무 추웠습니다. 그렇지만 저희는 웃으면서 전도했습니다. 억지로 웃는 것이 아니라 정말 웃음이 나왔고 전도할때가 가장 행복하다는 것을 느꼈습니다. 처음에는 전도가 힘들었지만 믿음으로 모든 것을 주님께 맡기고 기도로 전도했더니 정말 전도가 쉬웠습니다. 공부도 전도와 같았습니다. 제 욕심으로 할 때는 정말 힘들고 너무 지쳤지만 전도하고자 하는 목적으로 공부했더니 놀랍게 성적이 올랐습니다.

저는 주님이 타락하고 세상에 빠졌던 제 손을 놓았다고 생각했습니다. 그런데 주님은 제 손이 아닌 어깨를 잡아주고 계셨습니다. 정말 쓰러지려할 때 저를 일으켜 세우셨습니다. 제가 이 자리에 오기까지는 많은 사람들의 기도가 있었습니다. 이제는 제가 그 기도에 감사하며 보답하는 마음으로 더욱 기도하고 열심히 전도하여 책임지고 저희교회 주일학교와 학생회를 부흥시킬 것입니다. 저는 목사님과 사모님께 배운 것이 정말 많습니다. 여러분들도 목사님 사모님을 진심으로 사모하는 마음으로 섬기시면서 신앙생활 하시기를 바랍니다.

　그리고 끝으로 하나님은 정말 능치 못함이 없으십니다. 그리고 우리의 치료자이십니다. 모든 아픔과 상처를 하나님안에서 치유하면서 주님의 놀라운 능력을 경험하기시를 소망합니다. 감사합니다.

　야곱아 너를 창조하신 여호와께서 지금 말씀하시느니라 이스라엘아 너르 지은신 이가 말씀하시느니라 너는 두려워하지말라 내가 너를 구속하였고 내가 너를 지명하여 불렀나니 너느 내 것이라 〈이사야43:6〉

사랑 하는 나의 딸 혜민아

낙원 만수교회 _안 혜 민

별 생각이 없이 놀던 민이

저는 만수낙원교회 목양 보조교사 안혜민입니다. 만수초등학교 6학년입니다. 만수낙원교회에 등록한지 4년 되었습니다.

제가 교회 다니기 전에는 별 생각 없이 친구들과 놀고, 공부도 하고, 지금 생각하면 너무 심심한 시간이었습니다. 아주 평범하게 그렇게 지냈습니다. '교회' 가 무엇인지 몰랐고 '삶의 목적' 이 뭐냐는 질문도 받은 적이 없습니다.

첫 인상 좋은 교회

교회를 다니게 된 것은 어느 날 교회 다니던 친구를 알게 되었고, 그 친구가 전도하여 7살 되던 겨울 처음으로 교회에 가게 되었습니다. 하지만 교회에서는 친구들과 노느라 말씀도 듣지 못했고, 교회 다니는 둥 마는 둥 하며 장난으로 건성으로 교회를 다니다 말았습니다.

그럴 즈음에 지금 만수낙원교회 사모님이 오셔서 전도를 하셨습니다. 얼마 지나지 않아 다른 교회를 나가는 중에 한번만 가보자고 엄마 손을 잡고 온 것이 만수 낙원교회를 다니게 된 동기가 되었습니다. 2008년도 6월 이었습니다.

교회의 첫 인상이 좋아서였는지 그때부터 열심히 다니기로 했습니다. 열심히 교회에 놀러도 가고, 크리스마스 발표회도 하고 어린 저였지만 지금 생각하니 교회가 좋았던 것 같습니다.

민이가 목양을 만나다

2009년 저희 교회에서는 '목양' 을 시작하게 되었습니다. '목양' 이란 삶의 목적을 발견하고 전도도 하고 제자 삼는 것이며 목사님께 목숨을 건 동역자가 되는 것이라고 가르쳐 주셨습니다. 목양 집회가 있을 때마다 목사님은 우리들을 데리고 다니셨고 '새로운 생활' 성경 공부를 하면서 삶의 목적을 발견하여 전도하며 주님을 자랑하는 사람이 되었습니다. 그 후에 제 삶에 변화가 나타나기 시작했습니다.

민이 회복 역사

첫 번째, 하나님과의 관계에서 변화가 일어났습니다. 목양을 만나기 전에는 하나님을 '기독교에서 믿는 신' 이라고만 알았습니다. 물론 이것도 맞는 말이지만 목양을 만난 뒤에 나를 위해 십자가에 못 박혀 돌아가시고 사흘 만에 부활하신 사랑의 주님을 알게 되었습니다.

그리고 주님께서는 저에게 '내가 너와 항상 함께 하리라' 그리고 '내가 너를 지었나니 너는 내 것이라' 또 목사님을 통해 안수 하실 때, '내가 너와 함께 하리라' '딸아, 딸아, 사랑하는 딸아' 라는 음성을 저에게 들려 주셨습니다.

주님께 기도하면 눈물도 터지고, 또 방언도 터지고, 주님께서 저와 동행하신다는 걸 확실하게 느끼고 있습니다. 아플 때나 일상에서 어떤 일이 있든지 주님께 기도하며 하나님을 섬기고 있습니다. 하나님을 믿기 때문에 제가 열심히 교회에 다닌 것 같습니다.

두 번째는 목사님과의 관계에 변화가 왔습니다. 목양을 만나기 전에는 목사님을 뵐 때에 어색하고 친구들과 노는 데 정신 팔려서 잘 알지도 못했는데 목양을 만난 후에는 아빠 같고 누구보다 존경하는 목사님이 되었습니다.

저는 저희 목사님의 목숨 건 동역자가 되었습니다. 목사님을 위해 개인 기도도 하고, 저녁 8시에는 목양보조교사들과 함께 교회를 위해 목사님을 위해, 전도일등, 공부일등, 성품일등을 위해 기도하며, 토요일 오후 1시 30분에는 목사님을 위해 도움기도와 심방을 위해 기도를 하고 있습니다. 저는 저희교회 김헌중 목사님을 제일 존경하고, 누구보다 멋지고 세계적인 '우리 목사님' 이십니다.

세 번째는 부모님과의 관계에 변화가 왔습니다. 목양을 만나기 전에는 부모님 앞에서 친구들과 놀았던 이야기나, 학교에서 있었던 일을 주로 이야기 했는데, 목양을 만난 후에는 교회에서 듣고 보고 배운 것을 이야기 하고 복음을 전하게 되었습니다.

제가 삶의 목적을 발견하고 열심히 하는 것을 보시고 교회에서 있었던 일들을 얘기하면 다 들어 주시고, 식구들이 나들이 갈 때 따라가지 못해도 화 안 내시고 제 의견을 존중해 주셨습니다.

열심히 기도했더니 3년 만에 불교를 믿던 엄마가 교회에 나오기 시작해서 지금은 아빠 언니까지 가족 모두 만수낙원교회 식구가 되었답니다. 아빠는 지방에서 일을 자주 하시기 때문에 자주 못 나오시지만 우리 가정은 하나님 이야기로 가득 찬답니다. 저희 가족이 계속 이렇게 교회에 다녔으면 좋겠습니다.

네 번째 변화는 공부와의 관계입니다. 공부를 못하는 것은 아니지만 성적은 솔직히 조금 나아졌습니다. 하지만 저는 정말 잘하는 것이 없는 줄 알았는데 성령의 기름 부으심으로 전

글을 잘 쓰게 되었습니다.

학교에서 글짓기 상도 받았고 동인천노회에서 개최한 사생대회에서 제작 년에는 장려상, 작년에는 대상을 받았습니다. 그리고 제일 못하고 싫어했던 수학과 사회는 점수도 올라가고 싫어하는 과목이 아니고 좋아하는 과목으로 바뀌었습니다. 목양을 만나고 공부하기 전에 기도하면 성령님 도와주시는 덕분입니다.

다섯 번째 변화로는 제일 중요한 나와의 관계입니다. 저는 목양을 만나고 자존감이 회복되었습니다. 나는 너무 약하고 힘이 없고 용기도 없는 사람이었습니다. 솔직히 세상 사람들 앞에서 '나는 세계적인 리더다' 라든지 '세계정복 목양제자' 라든지 미친 듯이 찬양을 따라 율동하고 그러면 욕을 할 수도 있겠다고 생각했지만 자존감을 회복하고 '내 아버지가 하나님인 걸, 괜찮아 우리 아버지가 알아서 하서' 하는 마음으로 주님께 모든 걸 맡기고 살고 있습니다.

무릎으로 승부를 건다

나는 목양을 통해서 삶의 목적을 확실하게 발견하고 전도하고 제자 삼으며, 목사님께 목숨을 건 동역자로 목사님의 목양제자로 선생님의 목양제자로 열심히 목양하고 있습니다. 지금 저는 기도, 전도, 심방을 하고 양육은 아직 하지 못하고 있습니다. 기도는 방학 동안에는 오후 1시에 모여 기도회를 했는데 개학하고부터 8시에 6~7명이 기도회를 하고 있습니다. 수요예배와 금요치유집회에도 모두 참석한답니다.

우리들이 모여 하는 기도는 하나님이 참 잘 들어주십니다. 실족해서 교회에 나오지 않던 문준성 오빠와 민지, 다영이를 위해 기도했는데 준성이 오빠와 민지가 다시 회복해서 교회에 나오고 준성이 오빠는 우리와 같이 저녁 기도회에도 참석하고 있습니다.

지난 6개월 동안 4명이 기도해 왔는데 모두가 성적이 올랐습니다. 많이 오른 친구는 평균 15점 이상 오른 사람도 있습니다.

아멘 소녀 교회 의자 붙잡고 울다

작년 겨울 청소년수련회 때 한성택 목사님이 새벽기도를 명령 하실 때에 '아멘'을 하였기에 그 '아멘'을 지키기 위해 겨울 방학 동안에 새벽기도를 하게 되었습니다.

그 새벽기도와 저녁 8시 겟세마네기도회를 통해서 느낀 것은 4년이나 교회를 다니면서 난 왜 우리 교회를 몰랐을까? 하는 생각에 의자를 잡고 울었습니다. 그리고 교회를 위하여 울 수 있다는 것 정말 감사했습니다.

민이는 예레미야(?)

이번 겨울 청소년수련회에서 한성택 목사님이 나라와 민족을 위해 하루 금식을 하라는 명령에 따라 '아멘' 하고 은지, 은채, 이담이와 저는 하루금식을 했습니다. 배도 고팠고 힘이 들었지만 예수님은 40일금식기도 하셨다는 것을 기억하면서 참았습니다. 그때 구제역과 조류독감, 저희 교회와 목사님 그리고 부흥회를 위해 기도 했는데 그 기도를 하나님이 들으셨고 응답하리라 믿고 있습니다.

민 사도행전은 계속 된다

전도는 2008년 11월에는 수민이를 전도해서 잘 다니다가 수민이가 2009년도 여름쯤 이사를 가서 교회를 안 나오더니 우리 교회가 좋다고 2010년도에 다시 나오더니 또 실족하고 말았습니다. 그래서 다시 수민이가 교회 나오게 해 달라고 기도하고 있습니다. 그런데 하나님께서는 우리 반 친구인 민경이를 전도 할 수 있도록 해 주셔서 열심히 신앙생활하고 있어 위로가 되었답니다.

2009년 4월에는 집앞 빌라에 사는 한샘이를 전도했습니다. 그리고 2010년 4월에는 3층사는 아줌마가 열심히 신앙생활 하는 모습을 보시고 이담이 은지, 은채를 데리고 나오셨습니다.

그리고 2010년 봄에는 저희 엄마와 엄마 친구인 아줌마를 전도했습니다. 2010년 여름에는 아빠와 아빠 친구도 교회 나오셨습니다. 11월에는 우리 언니가 교회에 나오게 되었습니다.

2011년 2월에는 친구 효정이를 인도했습니다. 처음으로 우리교회에 제일 처음 나온 사람은 이모와 이종사촌 언니입니다. 이모는 우리 교회에 오서서 겟세마네 기도까지 하는 집사님이 되었고, 이종사촌언니는 목양교사입니다.

저로 인해 나온 사람 중에 11명은 열심히 나오고 있습니다. 잘 나오지 않는 사람 5명도 다시 교회로 돌아왔으면 하고 기도하고 있습니다. 주님은 저를 통해서 16명을 보내주셨고 그리고 전도를 하는 중에는 잘 나오는 사람도 있고, 잘 안 나오는 사람도 있지만, 그 친구가 믿든 안 믿든 그것은 주님이 하시는 일이기 때문에 저는 오직 복음만을 전해야 한다고 생각합니다.

민이 전도 노하우

저는 솔직히 전도할 친구를 가렸었는데 이젠 아무나 다 주님께 맡기고 전도하고 싶습니다. 전도한 아이가 오면 기쁘고, 안 오면 슬픈 그 느낌을 저는 체험했습니다.

열심히 오는 친구들을 보면 기쁘고, 안 오면 너무 슬픈 주님의 마음을 전 확실히 느꼈습니다. 목사님의 마음도 알게 되었습니다. 이렇게 전도 할 수 있던 이유는 주님께서 나와 함께 해 주시고 목양을 만나게 해 주셨기 때문입니다.

목양4대 전략을 충실히

마지막으로 심방은 토요일 도움기도회가 끝나면 저는 민지와 민경이네 집에 가서 주일날 공과 공부시간에 외웠던 요절 말씀을 외우게 한 후 기도를 해 주고 옵니다. 하지만 가끔 집에 없을 땐 문에 손을 얹고 기도를 하고 옵니다. 은채와 함께 심방을 다니고 있습니다. 저는 행복한 목양보조교사입니다.

먼저 이 글을 쓰게 하신 하나님께 감사를 드리고 제 글을 읽어주신 여러분들께 감사를 드리고 축복하며 하나님의 사랑을 전합니다. 사랑합니다. 축복합니다.

우리가 살아도 주를 위하여 살고 죽어도 주를 위하여 죽나니 그러므로 사나 죽으나 우리가 주의 것이로다 〈로마서14:8〉

귀신의 공격받는 크리스천 아이들

초판 1쇄 2011년 4월 30일
지은이 한성택
펴낸이 박수정
발행처 e뉴스한국
주소 부산 동구 초량 3동 1158-7 부산 YWCA 304호
전화 051)462-5495 팩스 051)462-5496

목양훈련원
주소 부산 부산진구 당감4동 696-1
전화 051)898-0881
등록번호 제 3-114호

ISBN 978-89-958472-3-7